KB079929

책 읽는 엄마

책 읽는 엄마

초판 1쇄 발행 2018년 9월 17일

지은이 안미진

펴낸이 김제구
펴낸곳 리즈앤북
편집디자인 김태욱
인쇄 · 제본 한영문화사

출판등록 제2002-000447호
주소 04029 서울시 마포구 잔다리로 77 대창빌딩 402호
전화 02) 332-4037
팩스 02) 332-4031
이메일 ries0730@naver.com

값은 뒤표지에 있습니다.
ISBN 979-11-86349-83-0 13370

이 책의 대한 무단 전재 및 복제를 금합니다.
파본은 구입하신 서점에서 교환해 드립니다.

책 읽는 엄마

Reading Mom & Reading Wife

안미진 지음

행복한 아이로 키우기 위해
엄마가 선택한 행복은 책읽기였다!

리즈앤북
ries & book

누구에게나 처음인 '엄마노릇'. 만만해 보이지도 않지만 실제로는 더 만만치 않다. 육아와 세트 메뉴처럼 따라온 우울감에 롤러코스터를 타며, 바쁘지만 결코 바빠 보이지 않던 일상을 반복했다. 꿈도, 삶의 목표도 잃은 채 드라마로 허기진 마음을 채우던 시절, 이렇게 제자리걸음만 해도 될까 불안했다. 그 불안한 마음을 감추려고 드라마에 더 몰입했다. 오늘과 다를 바 없는 내일이 드라마 재방송 같다는 섬뜩한 느낌이 든 어느 날, 이대로 있다가는 아무것도 달라질 게 없다는 것을 깨달았다. 뭐라도 해야 했다. 아니 뭐라도 하고 싶었다. 그래서 책을 펼쳤다.

책을 읽기 시작하면서 '나'를 찾아가는 길 위에 서곤 했다. '나'라는 사람과 내밀한 대화를 나누다 보니, 진정으로 내가 원하는 것이 무엇인지 알아가는 재미는 덤으로 따라왔다. 블로그에 독서 리뷰를 쓰면서 스스로에 대해 좀 더 깊이 생각하고 고민도 해보았다.

이제는 조금 알 것 같다. 읽고 쓰는 즐거움도, 괴로움도….

　그 날카로운 즐거움과 괴로움을 느끼며 지난겨울 동안 갈급하
게 원고를 써내려갔다. 쓰고 나니 가슴에 담아둔 무언가를 토해낸
기분에 홀가분했다. 내가 원고를 다 썼다니! 뿌듯함도 차올랐다. 하
지만 다시 마주한 원고를 읽고 고치는 과정에서 홀가분함과 뿌듯함
은 이내 부끄러움으로 바뀌었다.

　지극히 평범한 내가 과연 독서에 대한 이야기를 써도 되는지,
나의 글이 나의 마음과 생각을 거짓 없이 담고 있는지…. 이러한 고
민을 안고 문장을 매만지며 여러 달을 보냈다. 그렇게 봄을 지나고
여름이 되었다. 다행히도 허기졌던 마음은 치열했던 워킹맘 시절에
비해 책과 글을 통해 점점 채워지고 있다.

　부족하지만 단 한 분의 마음에라도 와닿을 수 있는 글이길 바

라본다. 지극히 소소하지만 드라마보다 재미있는 독서의 힘을 이 책을 통해 널리 알리고 싶은 바람을 담아내었다. 여전히 나는 좌충우돌하며 육아와 씨름하는 엄마이고, 남편에게 살가운 말 한마디 못 건네는 아내이며, 늘 부족한 며느리이자 딸이다. 하지만 그래서 더욱 이 시대의 초보엄마들에게 말하고 싶다. 책으로 세상에 대한 시야를 넓히고 작은 깨달음과 함께 삶의 지혜도 배워보자고 말이다. 좋은 책을 함께 읽고, 아이와 남편만 바라보느라 좁아진 시각을 한 뼘씩 키워서 아이가 자라는 동안 엄마도 같이 성장하자고 권하고 싶다.

곧 닥쳐올 마흔에 흔들리는 수많은 초보엄마들, 육아와 집안일까지 하느라 고군분투하는 워킹맘들, 그리고 끝없는 독박육아로 꿈은커녕 자신의 이름조차 잃어버린 엄마들이 이 책을 통해 자신과 만나고 자존감을 높이며 한 발 나아갈 수 있으면 좋겠다. 책 속에서 가슴을 파고드는 단 몇 문장이라도 독자의 마음속에 남는다면 그것으로도 충분할 것이다.

어깨에 힘이 잔뜩 들어간 채 쓴 부족한 원고를 멋진 책으로 만들어주신 리즈앤북 출판사 분들에게 무한한 감사를 드린다. 때로는 날카로운 독설과 함께 늘 묵묵히 지켜봐주는 남편과 엄마라는 이름을 달게 해준 천방지축 아들 주호, 부족한 며느리이고 딸이지만 물심양면으로 챙겨주시는 양가 부모님께 이 책을 바친다.

2018년 9월 리딩맘프 안미진

차례

3장_ 책 읽기가 전부다.
책 한 권으로 두 마리 토끼를 잡는 '리딩맘프' 노하우

리딩맘프 Tip 1

책 읽는 아이를 만드는 특별한 'READING' 노하우

4장 _ 책 읽어주는 엄마의 힘

리딩맘프   Tip 2

엄마가 책을 읽어줄 때
기대하지 않아야 하는 것들

5장 _ 오늘도 아이와 함께 책을 읽다

1장

그래서 나는 책을 읽기 시작했다

육아와 집안일로 지친 몸과 마음을 달래줄
본인만의 그 무언가를 찾아야 한다.

나에게는 달콤 쌉쌀한 커피와 함께
책을 읽는 것이 에너지를 충전시키는 최고의 방법이다.
책을 읽는 혼자만의 시간이야말로
반복되는 일상을 살아가기 위한 커다란 에너지원인 셈이다.

오늘도 엄마노릇이 힘든,
나는 초보엄마!

감정이 분출할 때가 기회임을 기억합시다. 감정이 솟아나면 그 감정에 동화되지 맙시다. 그 감정을 선택한 건 '나'임을 깨달읍시다. 나는 왜 화내고 있을까? 스스로에게 물어봅시다. 감정이 솟아나는 이유는 눈앞의 사건 때문이 아닙니다. 그것을 '나쁘다'고 믿어버린 당신의 고정관념이 바로 진정한 원인입니다. 고정관념을 찾으면 멋대로 그것을 믿어버린 자신이 원인임을 깨달을 수 있습니다.

인간의 철학적 사유들을 알기 쉽게 대화 형식으로 풀어낸 철학 인문에세이인 사토 미쓰로의 『하느님과의 수다』에 나오는 내용이다. 이 부분을 읽고 얼마 전 아침, 아들녀석과의 실랑이가 생각났다.

올해 일곱 살인 아들은 한동안 자석블록의 일종인 맥포머스 장난감을 원하는 모양으로 만들어 몇 권 쌓아둔 책 위에 고이 모셔놓는 습관이 있었다. 여느 저녁처럼 어떤 알 수 없는 모양을 만들어놓고 잠이 든 아들은 아침에 일어나 그 모양이 약간 흐트러져 있는 걸 봤다. 눈을 비비며 깬 아들은 망가진 모양을 보고 누가 그랬냐며 울기 시작했다.

범인이 누구인지 모른다는 사실에 아들의 짜증 섞인 울음은 좀처럼 가라앉지 않았다. 어르고 달래도 아들은 울음을 그칠 줄 몰랐다. 우는 아들을 차근히 진정시킬 여유 따위는 없는 아침, 출근시간이 다가오자 나도 모르게 조급함이 생겼다. 운다고 달라지는 것은 없다고 설명했지만 소용없었다. 저녁에 엄마랑 다시 만들어 보자고도 해봤지만 아들 귀엔 들리지 않는 모양이었다.

출근 준비로 바쁜 와중에 더 악을 쓰며 우는 아들을 보자 마음 깊은 곳에서 화가 솟아나기 시작했다. 일단 한숨부터 고르며 터져 나오는 화를 간신히 참아냈고 단호하게 말했다. 울음을 그칠 때까지 엄마가 기다리겠노라고. 그 말에 아들은 울음을 애써 참으며 훌쩍거렸고 기억을 더듬어 자석블록의 모양을 맞춰보았다. 원하는 대로 되지 않자 짜증을 내던 아들은 서서히 화를 가라앉히며 진정을 되찾았고, 난 그 모습을 침착하게 기다렸다. 겨우 화를 추스르고 출근길에 올랐지만 오전 내내 기분은 좋지 않았다.

마음속에서 감정이 분출될 때 그 감정에 휩싸이지 않고 객관적으로 따져보기란 하늘의 별따기만큼 힘들다. 특히 울면서 화내고 짜증내는 아들 앞에서는 더욱 그렇다. 큰 소리로 야단을 치거나 등짝을 한 대 쳐서 울음을 그치게 만드는 것이 때론 더 쉽고 효과도 빠를지 모른다. 하지만 날것 그대로의 감정을 분출하면, 아이는 고스란히 부모의 감정을 전달받아 흡수하게 된다고 하니 그 또한 해서는 안 될 일이다.

터져 나오는 감정에 동화되지 않고 그날 아침에 느낀 감정 상태의 근본 원인은 무엇인지, 내가 깨닫지 못한 고정관념은 어떤 것이 있을지 곰곰이 생각해 봤다. 출근시간에 쫓겨 마음은 조급해지고 바쁜데 그런 엄마 마음도 모르고 울음을 그치지 않는 아들 때문인지, 아침에는 시간이 없으니 저녁에 엄마랑 다시 만들어 보자고 설명했지만 듣지 않는 아들 때문인지.

아들 때문이라고 탓하기엔 뭔가 앞뒤가 맞지 않았다. 『하느님과의 수다』에서도 말하지 않았던가! 감정은 본인이 선택한 것이고 그 선택을 바꿀 수 있는 것도 본인의 몫이라고. 그렇다면 바쁜 출근 준비와 짜증내는 아들 녀석, 이것만이 원인은 아닐 것이라는 생각이 들었다.

그리고 이내 스치는 생각이 있었다. 어르고 달래서 울음을 그치게 하고, 논리적이고 명쾌한 해결책을 제시하여 교육적인 육아를 해야 '좋은' 엄마의 모습이라는 고정관념이 내게 무의적으로 학습되어 있는 것은 아닐까? 시시각각 발생하는 문제 상황에 현명하게 잘 대처해야 좋은 엄마이고, 그렇지 않으면 부족하고 나쁜 엄마라는 이분법적인 고정관념이 내 안에 자리 잡고 있었다는 사실을 어렴풋이 깨달았다. 하지만 현실 속 육아는 어떤가? 생각한 대로 되지 않아 좌충우돌하며, 현명한 대응이라는 표현에는 턱없이 부족한 나의 모습을 매일 확인하는 과정일 뿐이다. 그렇다면 우는 아들을 달래지 못하고 현명하게 대처하지 못하면 나쁜 엄마라는 두렵고 싫은 상황이 그날 아들에게 화를 느끼게 만든 것일지도 모른다.

그제야 이 책에서 말하는 고정관념이 무엇인지 조금은 알 것 같았다. 이 고정관념에서 벗어나기 위해 앞으로 무엇을 어떻게 하면 좋을지, 고정관념을 어떻게 수정해 나가야 할지 아직은 잘 모르겠다. 예전처럼 앞뒤 가리지 않고 화내지 않았음에 그저 가슴을 쓸어내리며 손에서 책을 놓지 않을 뿐이다,

지금에야 밝히지만, 나는 결혼 전에 한동안 임산부들을 너무나 부러워했던 적이 있었다. 당시 안정적인 직장도 없이 불확실한 30대를 막 시작한 나는 너무나도 불투명한 미래 때문에 가정과 가족이 주는 안정감이 무엇보다 절실했다. 하루빨리 결혼해서 아이를

낳아 키우며 안정적인 가정을 꾸리고 싶은 마음에 임신부를 바라보는 시선에 절로 부러움이 담겼다.

그런 부러움이 한몫했는지 지금의 남편을 만나 결혼 후 바로 다음 해에 아이를 낳았다. 아이가 태어난 기쁨과 감사함도 잠시, 육아를 하는 시간은 생각보다 아름답지 않았고 녹록치 않았다. 잠든 아이 얼굴을 보면 저절로 엄마미소를 짓게 되고 행복과 충만감을 느꼈지만, 동시에 누구에게나 처음인 '엄마'라는 시간을 배우고 견디는 것은 쉽지 않았다.

갓난아기를 키우는 많은 엄마들이 그러하듯, 아이를 키우며 집에만 있는 시간에는 결혼 전의 내 모습이 못 견디게 그리울 때가 많았다. 예쁜 원피스를 차려입고 친구들을 만나 맛있는 파스타도 먹고, 예쁜 카페에서 커피도 마시며, 백화점에서 쇼핑도 하고, 휴가에 맞춰 훌쩍 여행도 가는… 불과 1년 전만 해도 일상 같았던 나의 모습이 못 견디게 그리워졌고 동시에 참 낯설게 다가오기도 했다.

행복감과 우울함이 하루에도 몇 번이나 내 속에서 교차하던 그때, 육아교육서를 읽으며 스스로에게 물어보기 시작했다. '그토록 부러워하고 갖고 싶었던 가정과 하나의 생명인 아이를 키우는 시간보다 백화점에서 쇼핑하고 커피 마시며 딱히 영양가 없는 수다를 떠는 시간이 더 가치 있는가?' 곰곰이 생각해 보니 대답은 'No'였다. 아무리 친구들과 맛집을 찾아다니며 먹고 마시며 쇼핑하는 시간이 그리워도, 소중한 생명을 내 손으로 키우는 것은 비교도 되지 않을 만큼 고결한 것이었다. 몸과 마음이 힘들 때마다 이 질문을 되새기며 육아를 해왔다. 이제는 일곱 살인 아들과 보내는 시간이 무엇보다 가치 있고 소중하다는 것을 잘 알고 있다.

힘들었던 시간을 버티고 우울했던 마음을 책으로 달래던 시절, 책 속에는 육아 선배들이 말하는 공통적인 말이 담겨 있었다.

"이 세상에 날 때부터 엄마인 사람은 없다. 엄마도 원래는 미숙하고 미완성의 존재이다. 엄마도 완벽할 수 없음을 인정하고, 완벽하지 않아도 최선을 다하고 있다고 엄마 스스로 생각해야 한다."

이런 선배들의 조언이야말로 7년 전 막 아이를 낳아 키우기 시작했던 나, 어린 아이를 다른 사람의 손에 맡기고 직장을 다녔던 나, 매일 새로운 육아 상황에서 좌충우돌하며 배워 나가는 나에게 매 순간 소중한 한 줄기 빛과 같았다. 그리고 7년차 육아를 하는 지금도 꼭 필요한 산소 같은 말이다.

육아와 살림으로 몸도 마음도 지쳐버리면, 제일 만만하다는 이유로 소중한 자신의 아이에게 감정을 그대로 분출하게 된다. 평소 같으면 넘어갈 만한 실수에도 불같이 화를 쏟아내면서 아차 싶지만 이미 엎질러진 물이 되어버린다. 나 또한 이미 수없이 경험한 바다.

엄마의 세심한 표정 변화와 목소리를 본능적으로 느끼는 아이는, 어쩌면 미처 생각지도 보지도 못한 엄마의 밑바닥 모습을 보았을지 모른다.

하지만 더 이상 자책도 하지 말고 죄책감도 갖지 않았으면 좋겠다. 아이에게 전달되는 부정적인 감정을 줄이기 위해 엄마들 또한 매일 반성하고 매일 최선을 다하고 있지 않은가? 나 또한 엄마노릇이 처음이라서 실수가 많지만 점점 나아질 것이라고 스스로를 다독이고 있다.

정신없이 바쁜 하루를 보내는 엄마도, 세상에 태어나 처음 보는 것들에 둘러싸인 아이도, 모두에게 오늘은 처음 맞이하는 새로운 날이다. 눈에 잘 보이지 않는 티끌 정도일지언정 어제보다 아이는 조금 더 크고 엄마에게도 조금 더 나은 오늘이 될 것이다. '아이가 한 살이면 엄마 나이도 한 살'이라는 말이 있듯이 누구에게든 엄마노릇이 처음부터 쉽지는 않다. 하고 싶은 것도 못하고 밥 한 번 마음 편히 못 먹는 상황이 우울하기만 하여 자신이 세상에서 제일 불쌍한 듯한 마음에 한없이 서럽게 느껴질 때도 많을 것이다. 하지만 어차피 스스로 선택한, 서툴지만 겪어야 할 엄마노릇이라면 조금만 다르게 생각해 보면 어떨까?

하나의 작은 생명체를 키우는 고귀한 과정 속에서 엄마인 나도 함께 성장하는 시간이라고 생각해 보자. 오늘도 처음 해보는 엄마노릇이 힘들지만, 그래도 아이는 우리에게 또 다른 세상을 겪으며 성장할 수 있게 해주는 소중한 존재임에 틀림없다.

7년차 엄마이자 7년차 육아를 담당하고 있는, 실상은 늘 초보엄마 같은 '나'이지만, 눈코 뜰 새 없이 바쁜 와중에도 시간을 내어 이 책을 펼친 엄마들에게 해주고 싶은 말이 있다.

"완벽하진 않지만 최선을 다해 육아와 뒤엉킨 하루를 보내고 있을 이 땅의 모든 엄마들이여, 한 줄이라도 읽기 위해 이 책을 펼친 것만으로도 당신들은 이미 충분히 '잘' 하고 있다!"

워킹(working)과 맘(mom) 둘 중 하나만 해!

　동아일보 김아연 기자의 저서 『나는 워킹맘입니다』에 이런 내용이 나온다.

　　2009년 미국 잡지 《애드버타이징 에이지》와 광고회사 JWT는 성인 미국 여성 870명을 조사한 결과 직장인과 엄마, 두 역할을 조화시키려는 집단을 발견하고 '리얼맘'이라고 이름을 붙입니다. 이전 세대 워킹맘들이 직장과 가정을 모두 완벽하게 해내려고 애쓰는 '슈퍼맘'이었다면 '리얼맘'은 현실적으로 수용할 수 있는 정도의 효율성을 추구합니다. 할 수 있는 한도 내에서 최선을 다하려고 합니다. '슈퍼맘' 안에는 엄마와 직장인만 있지만 '리얼맘' 안에는 엄마와 직장인, 그리고 그 두 상황에 놓인 여성인 내가 있습니다.

그녀는 "슈퍼맘은 안 되겠다, 리얼맘을 결심한다."라고 밝히며 일과 가정 사이의 균형을 넘어 일과 가정 그리고 '나' 사이의 균형을 잡고 '나'를 지켜야 한다고 말한다.

대학교의 연구원으로 근무했던 당시, 나는 직장 특성에 맞도록 나만의 스펙과 발전을 위한 박사 과정을 시작해 볼까 생각한 적이 있었다. 처음으로 생긴 일 욕심 앞에 한 아이의 엄마 역할도 충실히 해내면서 직장에서 좀 더 나은 모습으로 발전하고 싶은 '슈퍼맘'이 되고 싶었는지도 모르겠다. 직장과 공부를 병행하려면 육아에 대한 신경을 덜어내야 가능하다는 누군가의 말에 아이의 성장과 일적인 측면에서의 발전 사이에서 고민하는 시간이 길어지곤 했다. 지금 되돌아보면, 엄마와 직장인 외에 '나'라는 사람의 못 다 맺은 열매를 맺고 싶다는 생각을 외부적으로 보이는 학위에만 결부시키려 했던 것은 아니었나 싶다.

최근까지 직장을 다니며 내가 일을 통해 얻고자 하는 것이 무엇인지 끊임없이 생각해 보았다. 넓고 큰 조직에서 일하며 겪는 사회생활은 그 자체로 의미가 있지만, 워킹맘의 생활은 말처럼 쉽지 않았다.

아침마다 눈코 뜰 새 없는 출근 준비로 아들에게 제대로 인사도 못하고 집을 나설 때도 많았다. 급하게 차를 몰아 직장에 도착하면 겨우 지각을 면하는 정도였고, 5분씩 지각할 때도 적지 않았다. 어린 아들이 아프기라도 하면 엄마가 옆에서 제대로 보살펴주지 못해서 그런 것은 아닌가 싶은 미안함에 하루 종일 마음 졸이기 일쑤였다.

생활고로 뛰어든 직장이 아니었기에 아직 어린 아들을 떼어놓고 일을 해야 하는 이유를 나 스스로 찾아야만 했다. 그렇게 해서라도 아이에 대한 미안함과 죄책감을 덜어내고 싶었는지도 모르겠다. 매일 출퇴근해야 하는 직장과 일의 의미를 찾는 도돌이표 물음이 늘 머릿속에 가득했고, 속 시원한 답을 찾을 수 없어 답답했다. 그러다 어느 날 우연히 읽은 소아청소년정신과 전문의 신의진 박사가 쓴 『대한민국에서 일하는 엄마로 산다는 것』에서 그 실마리를 찾고 나는 유레카를 외쳤다.

일본에서 가장 존경받는 기업가라는 이나모리 가즈오는 『왜 일하는가』라는 책에서 이렇게 말한다.

"도대체 무엇을 위해 일하는가? 궁금하다면 이것만은 명심해 주기 바란다. 지금 당신이 일하는 것은 스스로를 단련하고 마음을 갈고닦으며 삶의 중요한 가치를 발견하기 위한 가장 중요한 행위라는 것을."

일하는 엄마들은 특히나 '나는 왜 일을 하는가?'에 대한 자기만의 답을 찾기 위해 끊임없이 노력해야 한다고 저자는 말한다. 이는 내가 직장을 다니는 동안 스스로에게 매일 던지는 질문이었다. 굳이 먼 거리를 출퇴근하며 무엇을 위해 일을 하는 건지 생각하고 또 생각했다. 스스로 납득할 만한 답을 찾지 못하고 있던 나는, 이 대목을 읽고 경제적인 수입과 사회적으로 인정받고 싶은 욕구 혹은 소속감 외에 좀 더 명쾌한 답을 발견한 느낌이 들었다.

일정한 근무시간과 환경 속에서 하고 싶은 것과 해야 할 일을 균형 있게 하기 위해 시간을 잘 관리해야 함을 깨달을 수 있었다. 퇴근 후 만나는 아이를 애정을 담아 좀 더 힘껏 안아줄 수 있다는 것도 느꼈다. 결국 일은 사람과 사람 사이에서 이루어지므로 인간관계에서 직접 부딪히면서 몸과 마음을 단련하고 갈고닦을 수 있었으며, 삶의 중요한 가치를 발견하도록 도움을 얻을 수 있었다. 이것이 바로 일이 주는 의미였다.

아트스피치앤커뮤니케이션의 대표이자 스타강사인 김미경은 "여성에게 일은 남성의 일과 직장, 직업보다 더 변화무쌍하고 유동적인 것"이라고 말했다. 남편이 실직하거나 건강상의 이유로 휴직할 경우, 전업맘이었던 여성은 바로 생활전선에 뛰어 들어가 일을 해야 한다. 하지만 워킹맘으로 일을 하다가도 아이가 아프거나 엄마를 꼭 필요로 하는 상황이 되면 또 육아를 담당하는 집으로 다시 돌아가야 한다.

나 또한 대학원을 졸업하고 혼자 밥벌이를 하다가 결혼과 출산을 하고 1년간 아이를 키우며 집에 있었다. 어린 아이를 시댁과 친정에 번갈아 맡기면서 직장을 다니기 시작하고부터 아슬아슬한 워킹맘 생활을 이어갔다. 집 근처 중학교에서 근무할 때는 4시 반에 퇴근할 수 있었고 방학도 있었기 때문에 대학교에서 직장생활을 할 때보다 출퇴근이 어렵지 않았다. 한 학기 일을 하다가 힘들만 하면 쉴 수 있는 방학이 있어서 육아에 집중할 여유도 있었다. 그래서 그때는 일과 육아 그리고 집안일까지 어느 정도는 병행할 수 있었다.

하지만 출퇴근이 한 시간씩 걸리는 직장을 다니는 동안 서서히 에너지는 바닥나기 시작했고 한 숨 돌릴 여유마저 없어졌다. 비정규직 일은 언제까지 지속될지 알 수 없었기 때문에 언제든지 다시 육아맘이 될 가능성도 컸다. 당시 나에게는 워킹맘과 육아맘의 두 모습이 언제든지 전환될 수 있고 공존할 수 있었다.

워킹맘이 되고 보니 아이와 함께할 시간이 너무도 부족했다. 퇴근해서 집에 도착하면 집안일을 제대로 할 시간도, 힘도 남아 있지 않을 때가 많았다. 아이와 겨우 20분 내지 30분가량, 가끔은 좀 더 길게 놀아주고 책도 몇 권 읽어주다 보면 어느새 잘 시간이고 내 몸은 피곤함에 지쳐 있다. 아이 교육뿐 아니라 집안일에도 점점 신경을 못 쓰게 되어 일을 그만둘까 싶은 생각에 매번 흔들리곤 했다. 그렇게 흔들리면서도 1년을 넘게 버티는 스스로가 대견스럽기까지 했다.

일하는 엄마로 살아가는 나의 선택에는 늘 물음표가 따라다녔다. 정신없는 하루를 보내는 워킹맘 생활을 언제까지 버틸지 알 수 없던 당시에는 나 혼자만 흔들리고 힘든 줄 알았다. 하지만 워킹맘이라면 누구나 일하는 엄마로 살겠다는 결정이 옳은 선택이었는지 계속 고민하고 흔들린다는 것을 선배 워킹맘들의 책을 통해 확인할 수 있었다.

나는 조금씩 생각을 바꿔 나가기로 했다. 그중에 하나가 일에 대한 욕심을 슬그머니 내려놓는 것이었다. 대신 '나'라는 사람이 만족하고 행복하기 위해 어떻게 살아야 하는지 책을 읽으며 방향을 잡기 시작했다. 내 안에는 엄마와 직장인의 모습만 있는 것은 아니기 때문에, 앞에서 말한 슈퍼맘에 머물지 않고 워킹과 맘 두 상황에 있는 나를 우선적으로 생각하기로 했다. 일과 육아의 병행만으로도 바쁘고 힘든데, 괜한 걱정으로 에너지를 낭비할 필요는 없었다. 그만두어야 할 때가 오면 그때 고민하고 결정해도 충분하단 사실을 지나고 보니 분명히 느낄 수 있었다.

읽은 책이 조금씩 쌓일수록 뿌리를 꿋꿋이 내리며 덜 흔들리는 내 모습을 발견한다. 그리고 내가 만들어 가고 있는 이 길이 정답이라고 스스로 생각해야 한다는 것 또한 깨달았다. 아이의 성장과 '나'의 성장 사이에서 고민하는 시간 동안, 나의 일상을 버티는 하루가 아니라 성장하는 하루로 바라보는 관점의 전환이 필요하다는 것도 책을 통해 알게 되었다.

소리 없는 전쟁을 치르며 하루를 반복하는 워킹맘들은 매일 일과 가정에서 힘든 힘겨루기를 하고 있다. 아이와 대화는커녕 얼굴도 제대로 못 보고 출퇴근해야 하는 워킹맘이 드라마가 아닌 이 현실에 분명히 존재한다. 그럼에도 불구하고 워킹맘이라는 길을 묵묵히 걷고 있는 그녀들의 앞길이 꽃길이기를 응원한다.

다만 일과 육아, 둘 다 너무 잘 해내려고 하지 않았으면 좋겠다. 둘 다 완벽하게 하려고 애쓸수록 엄마가 먼저 지쳐버린다. 일에 매진해야 될 때가 오면 일에 좀 더 무게를 두면 된다. 육아에 좀 더 에너지를 쏟아야 될 때가 오면 육아에 포커스를 맞추면 된다. 일과 육아를 늘 똑같은 무게로 병행할 수는 없다. 그저 오늘 하루에 충실하면 된다.

당신이 일하는 엄마로 살든 아이를 키우는 엄마로 살든 이미 충분히 잘 해내고 있다고 믿는다. 완벽하지 않아도 괜찮다. 오늘 하루에 충실했다면, 당신은 이미 충분히 좋은 엄마이다.

화려하지 않은 외출이 주는
화려한 여유

　'어떻게 벌었느냐'보다 '어떻게 쓰느냐'가 중요하다는 것은 누구나 아는 사실이다. 소비는 참 중요한 행위다. 소비하지 않는 삶은 없으니 말이다. 따라서 당연히 어떻게 소비하느냐는 그 사람의 삶의 질을 말해준다. (중략) 어떻게 쓰느냐, 즉 어디에다 지출하느냐에 따라 그 사람의 현재 만족도는 물론이고 미래의 만족도가 달라진다.

　돈 버는 것보다 돈 쓰는 방법이 더 중요하다고 말하는 스타강사 김미경은, 자신의 저서 『꿈이 있는 아내는 늙지 않는다』에서 5:1:1:3 법칙을 이렇게 설명했다.

미래를 위해 수입의 반, 50%는 일단 저축한다. 수입의 10분의 1
은 재교육을 위한 학원비나 도서 구입, 체험 등과 같은 미래의 경쟁
력을 위한 투자에 지출한다. 이때 남편뿐 아니라 아내의 미래에 대
한 투자도 포함된다. 그리고 새로운 에너지를 보충하기 위해 수입
의 10분의 1을 여행과 같은 보상에 지출하고, 나머지 3은 가계 운영
을 위한 고정 지출에 해당한다.

나는 이 내용이 꼭 금전적인 부분에만 적용되는 것은 아니라
는 생각이 들었다. 하루 24시간 중 저축에 해당하는 수면과 고정적
으로 집안일을 하는 시간을 뺀 나머지 시간을 얼마나 확보할 수 있
는지, 그리고 그 시간을 어떻게 쓰는지에 따라 삶의 질도 결정될 수
있을 것이다.

평일을 워킹맘으로 보내던 시절, 여느 직장인들처럼 아침부터
출근 준비에 혼을 쏙 빼곤 했다. 정신없이 일을 하다가 퇴근시간이
되면 집에서 엄마를 기다리는 아이 생각에 부리나케 퇴근길에 올랐
다. 집에 도착하자마자 쉬기는커녕 아이와 얼굴을 마주하고 못 다
한 이야기를 나누며 시간을 보내기도 했다.

유치원을 다니는 아이가 전해주는 친구 이야기, 선생님 이야기,
숲에서 본 곤충 이야기에 귀를 기울여 듣다 보면 나도 모르게 아
들 얼굴을 물끄러미 바라볼 때가 있다. 통통하고 매끄러운 볼을 쓰
다듬으며 속눈썹과 콧등을 지나 쉴 새 없이 움직이는 입술까지 찬

찬히 들여다보며 조잘거리는 아들 얼굴에서 묻어나는 재미를 함께 느끼기도 했다. 두 팔 벌려 20킬로에 육박하는 아들을 품에 꼭 안아 도란도란 대화를 나누는 시간 동안 하루 종일 집 나간 정신이 조금씩 돌아오는 느낌도 들었다. 어느덧 잘 시간이 되어 침대에 누워 책을 몇 권 읽어주다 보면 아들은 스르르 잠이 들었다.

아이가 잠든 후 집안일을 마무리하고 나면 또 하루가 가는구나 싶었다. 그제야 나만의 에너지 충전을 위한 무언가를 하고 싶다는 생각이 들지만, 그런 생각도 잠시일 뿐 결국 피곤에 지쳐 잠에 곯아떨어지곤 했다. 혹은 퇴근 뒤 바쁜 업무로 에너지가 방전되어 지쳐 있다면 아이와 함께 있는 시간 동안 아이 얼굴을 제대로 마주할 수 없을지도 모른다.

그럼 주말은 날 위해 에너지를 보충할 시간이 있을까? 일단 주말 이틀 동안은 아이와 온종일 시간을 보내야 하고, 해야 할 밀린 집안일도 있다. 가장 큰 덩어리인 삼시세끼를 어떻게 해결해야 할지도 고민이다. 평일에는 시간이 없어서 못했던 청소, 빨래, 밑반찬 만들기 등등 끝없는 집안일이 주방과 거실 구석구석에 산재해 있다.

직장을 다니는 동안에는 주말에 몰아서 세탁기를 돌리곤 했다. 아이가 매일 벗어놓는 옷들은 며칠만 모여도 어마어마한 양이 된다. 아들 옷과 남편 옷을 나눠 애벌빨래가 필요한 옷은 조물조물 문질러 세탁기에 넣어 돌린다. 알람과 함께 빨래가 끝나면 빨래걸이에 널고 모아둔 다른 빨랫감을 한 번 더 돌린다. 이렇게 몇 번을 나눠 돌려야 할 때는 어디 멀리 외출하기도 꺼려진다. 세탁기가 돌아가는 중간에 점심준비를 하고 밥을 먹고 나면 또 설거지더미….

아이가 책을 들고 와서 읽어달라고 하면 물 묻은 손을 얼른 닦고 와서 몇 권 읽어주기도 한다. 그림 그리는 동안 옆에 앉아 추임새도 넣어준다. 아이와 놀다가 빨래를 널고 집을 대충 정리하고 나면 어느덧 늦은 오후가 된다.

밀린 집안일이라고 해봐야 크게 한 일도 없는 것 같은데, 다 마치고 나면 단 한 시간이라도 좋으니 아무것도 하지 않고 편안히 앉아 쉬고 싶다는 생각이 든다. 몇 시간 내내 서 있어서 다리가 저려오고 이리저리 몸을 움직여 무언가를 하느라 저녁도 안 된 시간에 벌써 지쳐버리기 일쑤다. 그러다 보면 슬슬 내 마음속에는 피곤과 짜증이 몰려온다. 표시도 나지 않는 집안일을 하느라 이미 기진맥진하고 중간 중간 아이와 놀아주느라 쉴 틈은 더더욱 없었다.

이럴 때 정말 필요한 것은 방전된 에너지를 보충하기 위한 나홀로 시간이다. 예쁜 카페에 가서 맛있는 커피 한잔 마시고 싶은 생각이 간절해지거나 조용한 서점에 가서 눈에 들어오는 책을 뒤적거리며 노닥거리고 싶어진다면, 아이를 맡기고 집을 나서야 할 때임을 직감한다. 심신이 지쳐서 이마저도 귀찮아지면 얼른 남편과 아이를 동네 키즈카페에라도 보내고 혼자만의 시간을 가져야 한다.

얼마 전 토요일에 아들과 둘이 집에서 하루 종일 보낸 적이 있었다. 온종일 책도 읽어주다가 학습지도 하다가 만화영상도 보여주다가 껴안고 이야기도 나누다 보니, 늦은 오후쯤 점점 나의 한계치가 느껴졌다. 아들이 저지른 작은 실수 하나에 버럭 화내는 내 모습에 스스로 놀랐다. 충전시간이 절실히 필요함을 깨닫고 아들에게 외쳤다. "엄마도 쉬는 시간이 필요해!"

근처에 사시는 친정엄마에게 SOS를 보낸 후 바로 아이를 맡기고 집을 나섰다. 목적지는 평소 가고 싶어서 눈여겨보아 둔 지역 서점이었다. 대형 프랜차이즈가 아닌 지역적 특성과 개성을 가진 서점이어서 전부터 가보려고 생각해 둔 곳이었다. 조용한 서점을 둘러보면서 잔잔한 음악과 함께 기분 좋은 분위기를 한껏 느끼며 온전히 나 혼자만의 시간을 보냈다.

한 시간 남짓한 짧은 외출이었지만 조용한 서점투어를 마친 후 집에 돌아오는 길은 육아와 집안일로 억눌린 마음이 다시 풍선처럼 부풀어 올라 꽉 찬 느낌이었다. 결혼 전과 비교해 보면 화장기 없이 치장 하나 하지 않은 볼품없는 외출이었지만 마음만은 더없이 홀가분했다.

이처럼 딱 한 시간이 주는 힘은 생각보다 크다. 나 혼자만의 시간을 보내고 나면 몸과 마음속 피곤과 짜증, 힘들었던 감정들이 비워지고 새로운 에너지가 서서히 채워지기 시작한다. 그 시간을 만끽하다 보면 답답했던 마음에 작은 창 하나가 열리면서 시원한 바람 한 점이 불기 시작한다. 숨통이 조금 트이고 기분도 한결 나아진다.

별스럽지도 않고 특별할 것도 없는 한 시간의 외출 덕분에 엄마는 아이에게 다시 웃는 얼굴로 마주할 수 있게 된다. 미소 띤 얼굴로 아이와 함께할 에너지를 재충전한 엄마는 작은 실수에 버럭 하지 않고 넘어갈 수 있는 여유도 생긴다. 그래서 엄마라면 누구나, 일부러라도 짬을 내서 혼자만의 시간을 누릴 필요가 있다. 거창하지 않아도 된다. 나의 경우, 종종 조용한 카페에서 커피 한잔을 앞에 두고 독서에 몰입하는 시간을 갖곤 한다. 이마저도 허락되지 않는 상황이면 조용한 서점에서 이 책 저 책 기웃거리며 몇 장 훑어보고 책의 기운을 느껴보기만 해도 기분은 한결 나아진다.

육아와 집안일로 지친 몸과 마음을 달래줄 나 혼자만의 무언가가 없다면 우울증에 걸리기 쉽다. 본인만의 그 무언가를 찾아야 한다. 사람이 복작거리고 번잡스러운 곳은 최대한 피하고, 자신이 더 불행하다고 수다를 늘어놓게 만드는 사람과의 만남도 피하는 게 좋다. 안 그래도 바닥인 에너지가 마이너스로 흘러갈지도 모르기 때문이다.

분명 나를 기분 좋게 만들어주고 내 안의 충만감을 느끼게 해주는 것을 각자 하나씩은 갖고 있을 것이다. 운동을 하며 스트레스를 날리는 사람도 있고, 카페에 앉아 커피를 한잔 홀짝이며 마음 편한 사람과 도란도란 얘기를 나누는 것만으로도 충분히 에너지를 충전할 수 있는 사람도 있다. 또는 복잡한 생각과 감정을 적어 내려가는 혼자만의 비밀 일기로 마음을 정리하거나 따뜻한 영화 한 편에 위로받는 사람도 있다. 조용한 도서관에서 책의 향기를 맡으며 끝도 없는 육아와 집안일에 구겨진 마음을 책으로 다림질하여 다시 원래 모양대로 펼 수도 있다.

찾아보면 방법은 많다. 다만 내가 먼저 지쳐버려 그것마저 하기 귀찮아 한다는 것이 문제이다. 화장기 없는 민낯이라도 괜찮고, 외출복이 아니라도 상관없다. 평상시 입던 옷으로 홀가분하게 집을 벗어나 나만의 아지트로 향해서 에너지를 충천하고 오는 것이 중요하다. 아지트가 없다면 근처 공원에 가서 산책이라도 하면 된다.

나에게는 달콤쌉쌀한 커피와 함께 책을 읽는 것이 에너지를 충전시키는 최고의 방법이다. 나 혼자만의 책 읽는 여유가 반복되는 일상을 살아가는 데 얼마나 큰 힘과 에너지를 주는지 경험해 보지 못했다면, 난 아직도 에너지가 방전될 때마다 방바닥을 긁으며 스마트폰만 들여다보고 있을지도 모른다. 내게는 독서야말로 삶의 질을 높이고 화려한 여유를 선사해 주는 최고봉인 셈이다. 이제 이 책을 읽는 당신도 책이 주는 화려한 여유를 충분히 느껴보길 바란다.

아이가 책을 읽기 바라면
엄마가 먼저 읽자

얼마 전 신문기사에서 대한민국 대표 온라인서점 예스24가 2017년 국내 사회의 다양한 변화와 도서 판매 자료를 바탕으로 출판 트렌드를 분석한 결과를 본 적이 있다. 2017년 분야별 국내도서 판매권수 점유율에서 중고등학습서가 14.0%, 어린이 도서가 8.5%를 기록하며 전년도에 이어 각각 1위와 2위를 지켰다.

어린 시절부터 책을 읽는 습관이 형성되어야 성장하면서 꾸준한 독서로 이어진다는 것은 누구나 알고 있는 사실이다. 그래서 장기간 지속되는 경기불황에도 불구하고 유아동도서의 인기는 좀처럼 줄어들지 않는다고 한다. 나 또한 아이가 태어나서 돌이 될 무렵부터 책을 들여놓기 시작했다. 많은 육아서에서 접했던 것처럼 책으로 육아한다는 말을 실천하기 위해 아이에게 책을 읽어주려고 무던히 노력했었다. 어느새 엄마가 읽어주는 책에 관심을 갖고 책 보는 것을 좋아하는 아이의 모습에 할 수 있는 최대한의 선에서 책을 읽어주곤 했다. 하지만 책을 읽어줄수록 체력적으로 힘들어지는 것 또한 느꼈다.

어린 아이들의 책일수록 책 한 권에 담긴 글자의 수가 적기 때문에 한 권을 읽어주는데 1~2분이면 족하다. 그래서 10분이면 10권, 20분이면 20권을 읽어줄 수 있다. 글자가 적으니 그림을 설명하기도 하고, 과장을 해서 온갖 호들갑을 떨며 읽어주기도 했다. 어떻게든 호기심을 불러일으킬 수 있도록 노력했다. 이렇게 내 안의 에너지를 몽땅 끌어올려 많은 책을 읽어주다 보면 목이 쉬어버리기 일쑤이고, 종종 머리가 어지러운 적도 있었다. 책을 읽어주려면 엄마의 체력도 받쳐줘야 가능하다는 것을 그때 어렴풋이 알았다.

게다가 아이가 아직 말문이 트이기 전에는, 체력적으로 힘든 것도 힘든 것이지만 마음이 헛헛한 적도 많았다. 너무 내뱉기만 해서 그런지 오히려 내 마음은 바싹 메말라버려 슬그머니 읽어주던 책을 내려놓기도 했다. 지금에 와서 생각해 보면, 아이에게는 호기심 천국인 책 세상을 만나게 해주었지만 정작 나 자신은 그렇지 못했기 때문이었던 것 같다.

아이가 만나는 책 속 세상은 온갖 새로운 생명체와 재미있고 신기한 일투성이지만, 엄마에게는 어느새 일상이 되어버린 육아와 집안일이 따분하고 무료해지기 쉽다. 어린 아이를 키워야 하는 엄마들이 할 수 있는 것은 그다지 많지 않다. 아니 아주 제한적이다. 유모차에 아이를 태워 집 근처 공원이나 마트에 다녀오거나 또래 엄마들을 만나 아이의 성장에 대한 이야기를 나누는 정도이다. 그저 하루하루가 비슷비슷한 일상이다.

손이 많이 가는 신생아일수록 육아에 들어가는 체력적 소모는 많아진다. 가만히 있지 않는 아이의 기저귀를 때맞춰 확인하고 갈아줘야 하고, 레시피대로 해보지만 어렵기만 한 이유식도 공을 들여 만들어야 한다. 그렇게 만든 이유식을 아이가 잘 받아먹으면 그나마 다행이지만 뱉어내거나 거부하는 바람에 한바탕 전쟁을 치르기도 한다. 먹이고, 씻기고, 입히고… 이 모든 과정 속에서 부모의 손이 필요하지 않을 때는 없다.

하루 종일 아이를 돌보는 엄마들에게 정작 자신의 몸과 마음을 돌볼 여력이나 힘은 없을 때가 많다. 아이가 낮잠을 자는 동안에 잠시 함께 눈을 붙여 몸의 피로감을 덜어낼 수 있지만 지친 마음까지 회복할 여유는 없다. 육아와 집안일로 정신없이 하루를 보내다 보면 정작 내 마음과 감정이 어떤 상태인지 찬찬히 들여다볼 시간조차 허락되지 않는다.

이럴 때일수록 책을 펼쳐 자신과 대화를 나누는 시간을 가질 필요가 있다. 아이에게만 책을 읽어주지 말고 엄마 스스로도 책을 읽음으로써 육아로 지친 마음을 주기적으로 달래줘야 한다. TV 속 각종 드라마는 자극적인 소재와 빠른 스토리 전개로 책보다 더 재미있고 더 쉽게 볼 수 있다. 하지만 정작 내 마음은 들여다보게 놔두지 않는다.

무엇 때문에 힘들고 무엇 때문에 지쳐 있는지, 육아의 달인이 쓴 육아서를 보면 그 힌트를 얻을 수 있다. 아이를 키우며 제대로 설명할 수 없는 여러 감정들이 휘몰아칠 때, 육아 선배들이 먼저 겪고 책에 친절하게 설명해 주니 이 얼마나 고마운 일인가? 거기에 해결 방안까지 안내해 주고 있으니 그들의 책은 마치 보물창고나 다름없다.

육아서 한 권 제대로 읽지 않고, 육아의 어려움과 지쳐가는 마음을 또래 엄마들에게 토로해 봐야 큰 도움을 얻기란 쉽지 않다. 아이를 키우며 마주하는 수많은 고민들을 말로 풀고 나면 속은 좀 후련할지 모르지만, 비슷한 고민을 안고 있는 옆집 엄마에게 속 시원한 해결의 실마리를 얻기는 어렵다.

나 또한 말라버린 내 마음을 채우기 위해 그저 비슷한 생각을 하는 친구와 신세한탄이 뒤섞인 수다를 떨곤 했다. 수다 떨 친구가 없으면 드라마를 보고, 드라마가 재미없어지면 인터넷쇼핑으로 내 마음의 얽힌 감정들을 순간적으로 외면하거나 다른 것으로 풀어보려고 했었다. 하지만 겉으로 괜찮아진 것처럼 보일 뿐, 전혀 해결되지 않은 얽히고설킨 감정들은 마음 깊은 곳으로 오히려 꽁꽁 숨어버렸다가 비슷한 문제가 터지면 불쑥 모습을 드러냈다. 밖으로 드러나지 않았을 뿐, 언제나 나의 감정과 마음 상태는 제자리였다. 나의 마음을 진지하게 들여다보지 않고 잠깐의 만족감으로 해결하려고 했기 때문에 근본적인 것은 전혀 나아지지 않았던 것이다.

책을 읽으며 내 마음을 들여다보기 전까지 나는 무수하게 많은 것들을 탐색해 보고 흉내도 내 보았다. 파워블로거의 맛집과 체험 리뷰를 보며, 어쩜 이렇게 맛깔나게 리뷰를 잘 써서 본인의 생활에도 보탬이 되면서 셀프브랜딩을 할 수 있는지 참 대단해 보였다. 운동이나 트레이닝에 매진해서 매력적인 몸매를 가꾸고 건강도 챙기는 여성들도 멋있었다. 맛있는 빵을 굽고 예쁜 쿠키를 만드는 분들이나 아이 반찬을 정갈하게 만들어 식판에 올려 찍은 사진을 보면, 요리 실력이 없는 나 자신이 한없이 초라하게 느껴졌다. 인터넷 레시피를 검색하여 따라해 보지만 눈썰미가 부족한 나는 따라하는 것도 버거웠다.

살림 정리를 잘하거나 옷을 뚝딱 잘 만드는 솜씨, 오밀조밀한 소품을 예쁘게 만들어 직접 집을 꾸미는 감각도 나에게는 부러움의 대상이었다. 부엌이나 화장실 등 집안 청소도 남들처럼 깔끔하게 해보려고 검색해 봤지만 그때뿐이었다. 베이킹소다와 식초, 외우기도 어려운 무언가를 활용하는 방법은 읽어봐도 귀찮기만 했다. 이런 재주를 흉내 내려고 하면 할수록 오히려 의기소침해지기만 할 뿐이었고 따라하려다가 가랑이 찢어지는 꼴만 당했다. 요리에도 통 재주가 없고 청소나 정리정돈에도 소질이나 관심이 없는 나는 오히려 형편없는 살림솜씨가 새로운 고민거리로 떠올랐다.

남들의 부러운 장점을 어설프게 흉내 내며 수많은 시행착오 끝에 찾은 것이 내게는 바로 책이었다. 다른 손재주나 솜씨가 없어도 펼치기만 하면 읽을 수 있는 책이 나에게 딱 맞는 것임을 알았다. 첫 장을 넘기고 첫 줄을 읽기 시작하면 우울한 생각도 옅어지고 실타래처럼 엉켜버린 감정들도 하나씩 풀어지곤 했다. 언제 어디서든 장소와 시간에 구애받지 않고 첫 페이지를 넘기기만 하면 내 마음 속으로 들어갈 준비는 끝난다.

몸이 매여 있는 육아시절에 다른 세상을 만나는 유일한 방법은, TV 드라마도 수다도 아닌 책이다. 책을 읽으면 내가 갈 수 없는 곳에도 갈 수 있고, 내가 만날 수 없는 다양한 인물들도 만날 수 있으며, 내가 겪을 수 없는 재미있는 일들도 경험할 수 있다. 물론 대다수의 엄마들은 책 읽을 시간도 없고, 책 볼 나이도 지났다는 핑계부터 댈지 모른다. 이미 책을 읽기엔 늦었다고 생각할 수도 있다. 하지만 이제 와서 읽는다고 달라질 것이 없다는 핑계로 아무것도 하지 않을 것인가?

엄마들부터 내면의 헛헛함을 책으로 채우고 반복되는 일상을 재미있게 느껴야 육아에 대한 여유를 찾을 수 있다. 자신의 태도와 감정을 되돌아보게 만드는 독서는, 나만 힘들다고 불평불만 하는 습관부터 벗어나게 도와준다.

부모는 아이에게 거울 같은 존재라는 말을 들어보았을 것이다. 부모의 등을 보고 자라는 우리 아이들이 책을 가까이 하고 늘 책을 읽길 바란다면, 누구보다 엄마가 먼저 읽어야 함을 기억해야 한다. 아이에게 책을 읽어주고 싶은 엄마라면 먼저 엄마들부터 책을 읽고 내면의 헛헛함을 채우도록 하자.

워킹맘 포인트가 육아 포인트가 된다

얼마 전까지 옆 도시에 위치한 대학교에 출퇴근하면서 제일 먼저 고민했던 부분은 일과 육아, 일과 집안일의 균형 잡기였다. 전에 일했던 중학교의 퇴근 시간은 4시 30분이었기에 5시가 되기도 전에 집에 도착할 수 있었다. 덕분에 청소나 저녁식사 준비뿐 아니라 아이와 놀아주고 책을 읽어주는 등 많은 범위의 살림과 육아를 충분히 병행할 수 있었다. 그리고 그것이 내가 해야만 하는 우선순위의 일이라고 생각했다.

하지만 집과 다소 떨어진 거리에 있는 직장을 다니면서부터 많은 어려움이 생기기 시작했다. 예전처럼 5시에 집에 도착하는 것과 7시에 도착하는 것은 하늘과 땅 차이였다. 아니, 내게는 그보다 더 크게 느껴졌다.

6시에 퇴근해서 도심을 뚫고 도시와 도시를 이어주는 국도를 시속 80~100킬로미터로 밟아 집에 도착하면 7시쯤 된다. 차가 막히면 그만큼 더 늦어진다. 시댁에서 아이를 데려오는 경우에는 7시가 훌쩍 넘어버리는 것도 일상이었다. 처음 그 직장에 지원했을 때는 '좀 멀긴 해도 일단 지원해 보자'라는 생각이 먼저였고, 면접을 보러 갈 때도 '연습 삼아', '경험 삼아'라는 가벼운 마음이었다. 출퇴근에 대한 부담감을 크게 생각하지 못한 게 사실이다. 하지만 출퇴근마다 왕복 두 시간을 운전하는 것은 많은 피로감과 긴장감을 안겨주기에 충분했고, 시간이 흐를수록 나의 한계치를 넘고 있었다.

시댁에서 아이를 찾아오면 7시 반, 그 시간에 겨우 내 끼니를 챙겨먹어야 했다. 하지만 그 식사도 같이 놀자고 혹은 책을 읽어달라고 하는 아들녀석 덕에 밥이 코로 들어가는지 입으로 들어가는지 모르게 후다닥 해치워야 했다. 설거지라도 후딱 해놓고 아이를 씻기고 나면 어느덧 한 시간은 훌쩍 지나 있고 서서히 피로감이 몰려온다. 구구절절 적지 않아도 워킹맘들에게는 눈에 훤히 그려지는 저녁시간의 모습일 것이다.

얼마 전부터 블로그를 통해 들여다보는 일하는 엄마들의 일상은 가히 상상을 초월했다. 솔직히 말하면 '저렇게까지 아이에게 신경을 못 쓰면서 일을 해야 할 필요가 있을까?'라는 생각이 들 정도였다. 나보다 훨씬 더 일찍 출근하고 늦게 퇴근하며 일의 강도와 스트레스도 더 큰 워킹맘들이 촉각을 다투며 치열한 일상을 보내고 있었다. 그런 그녀들에게 묻고 싶다. 몸이 열 개라도 모자란 워킹맘에게 꼭 지켜야 할 육아의 포인트는 무엇일까?

정신없이 바쁜 일상 속에서 일하는 엄마들이 중요하게 생각해야 할 육아의 포인트를 『내 아이를 믿는 용기』의 저자인 강민정 작가와의 대화 속에서 찾을 수 있었다.

저서에서 "아이의 본성을 깨우는 공부법과 세상 곳곳에서 맞닥뜨릴 문제들의 근원을 꿰뚫어볼 수 있는 혜안을 아이에게 유산으로 물려주고 싶다."고 밝힌 그녀와 짧은 대화를 나눈 적이 있다. 강민정 작가는 조선시대 왕족들에게 자식이 태어나면 손품과 발품이 들어가는 영역은 무수리들이 했다고 예를 들어 설명해 주었다. 왕자와 공주가 태어나면 씻기고 입히고 음식을 만들어 차려주는 것은 무수리들이 하고, 왕과 왕비는 그 옆에서 지켜보고 힘을 비축해 두었다가 아이와의 정서적인 교감을 나누고 정신적인 가치를 만들 때 그 아껴둔 에너지를 쓴다는 것이다. 무릎을 탁 치는 순간이었다. 그녀의 말 속에서 엄마가 해줄 육아의 핵심은 아이의 정서적인 영역과 정신적인 가치라는 결론에 도달할 수 있었다.

내가 이제까지 생각했던 일과 육아 사이의 균형은 일도 하면서 집안일과 육아를 병행하는 것이었다. 완벽하게는 아닐지라도 남들

1장 _ 그래서 나는 책을 읽기 시작했다

이 봤을 때 이해가 되는 수준으로 하고 싶었던 것이다. 이전에 5시에 퇴근해서 여러 집안일과 육아를 했던 것처럼 말이다. 일터가 바뀌고 일의 강도와 환경이 변했음에도 불구하고 나는 내가 생각했던 그 고집을 고수했었다. 그 고집이 결국 집안일과 육아, 어느 것 하나 제대로 하지 못하는 부족한 자신의 모습을 자책하고 스스로를 죄책감 속으로 몰아넣고 있었다. 그런 불편한 감정을 더 이상 견딜 수 없을 정도가 되니, 일을 그만두는 게 낫지 않을까 끊임없이 고민했던 것이다. 일을 하면서 '진정한 사회생활을 배우며 생각의 폭도 넓어지고 있다'고 분명히 인식하면서도, 한편으로는 육아와 집안일에 소홀해지면서까지 일해야 하나 싶은 의구심과 불안감이 마음 한구석에 자리 잡고 있었다.

나의 이런 상황은 곰곰이 따져보면 '우리 엄마'의 모습에서 비롯된 것 같다. 우리 엄마는 직장을 다닌 적이 없으셨기 때문에 나와 동생이 학교에 있을 동안은 집안일을 끝내고 본인의 취미활동을 즐기시곤 했다. 하교 후 집에 오면 항상 엄마가 집에 계셨고, 맛있는 간식을 준비해 주셨다. 나와 동생이 고등학생이었을 때는 점심과 저녁 도시락을 각기 다른 반찬을 담아 아침마다 네 개의 도시락을 하루도 빠짐없이 정성껏 싸주셨다.

나는 그런 엄마의 모습을 무의식적으로 스스로에게 강요하고 있었을지도 모른다. 직장생활의 여부와 상관없이, 가족이 먹을 음식은 손수 만들고 집안의 모든 일들은 내가 해야만 하는 영역이라고 생각했던 것이다. 우리 엄마가 그랬으니 별 의심 없이 그렇게 하는 것이 옳다고 믿었던 것이다.

하지만 5시에 퇴근할 때와는 달리 물리적 상황이 힘들게 변해서 나의 마음을 불편하게 만들고 있었다. 우리 엄마는 엄마의 생활이었기에 가능했던 부분인데, 나는 엄마처럼 해야만 하는 것이라고 스스로를 옥죄었다. 물론 이제는 나를 옥죄고 있던 그 관념에서 벗어나 유연하게 생각할 수 있어야 함을 깨달았다.

1년 6개월의 직장생활을 버티면서 집안일을 하나씩 내려놓는 요령도 터득했다. 7시에 집에 오는 워킹맘이 할 수 있는 것은 많지 않다. 자신의 끼니를 차려먹고 난 뒤 설거지를 하고 아이를 씻긴 후 책을 몇 권 읽어주며 대화를 나누는 정도면 충분하다. 체력이 받쳐준다면 아침에 바쁘게 출근하느라 어질러진 집을 대충 정리하고, 집안 구석구석 먼지도 말끔히 닦아내고, 다음날 먹을 반찬 한 가지라도 만들어놓고, 다 마른 옷을 개고… 해야 할 일은 끝도 없다. 그래서 내가 할 수 있고 해야 할 것을 선택할 필요가 있다.

워킹맘에게 필요한 집안일의 포인트는, 꼭 해야 할 일을 선택하는 것이다. 모든 일을 완벽하게 해야 한다는 부담감을 안고 몸을 혹사시키며 지칠 때까지 할 것이 아니라, 딱 거기까지만 할 수 있다고 마지노선을 긋고 더 이상의 자책과 죄책을 마음에서 덜어내야 한다. 그래야 엄마들이 직장을 다니며 아이를 돌볼 수 있는 두 가지 역할을 버거워하지 않고 해낼 수 있는 것이다.

육아에도 선택과 집중이 필요하다. 그래서 아무리 바빠도 아들에게 책 읽어주는 것만큼은 꼭 내가 한다. 아들은 일곱 살이 되자 놀 거리도 다양해지고 왕성해진 신체활동으로 예전보다 책을 보는 시간은 적어졌지만, 여전히 내 무릎에 엉덩이를 들이밀고 읽어달라며 책을 내민다.

무릎에 앉히기엔 조금 묵직한 일곱 살짜리 아들을 품에 끼고 책을 읽어주는 짧은 시간이 서로의 체온을 느끼며 교감을 나눌 수 있는 유일무이한 순간이다. 어릴 때부터 책을 읽어주기 시작하니 어느 순간 눈을 뜨자마자 책부터 잡고, 말도 못하고 글도 모르면서 보고 싶은 책을 귀신같이 책장에서 빼오곤 했었다. 일부러 다양한 장난감을 사주지 않고 집안 곳곳에 책이 나뒹구는 환경에 자연스레 노출된 아들은 다행히 책을 좋아하는 아이로 커가고 있다.

앞서 말했던 것처럼, 육아의 핵심은 무엇보다 아이와의 정신적인 교감과 아이에게 정서적인 안정감을 심어주는 것임을 잊지 말자. 그 핵심은 아이에게 책을 읽어주는 것만으로도 충분히 가능하다. 워킹맘이 꼭 해야 할 집안일을 선택하여 집중하는 것처럼 아이와의 정신적인 교감을 나누기 위해 책을 읽어주는 것은 어쩌면 육아의 핵심일 수 있다.

무한도전? 무한반복!

여느 때처럼 5시쯤 일어나 글을 쓰고 책을 읽으며 이른 아침 시간을 보냈다. 습관처럼 남편 와이셔츠를 다리고 아침 준비를 한 후 서둘러 출근 준비를 마치고 분주히 집을 나섰다. 차에 시동을 켜는데 다리가 묵직하게 느껴졌다. 하지만 더 지체하다가는 지각할 것만 같아서 액셀 페달 위에 발을 올렸다. 그때 휴대전화로 메시지 착신을 알리는 소리가 울렸다.

오늘을 어떻게 맞이할지는 당신에게 달려 있다. 하루를 가슴 짓누르는 부담으로 여길 수도, 설레는 약속처럼 느낄 수도 있다. 당신을 위한 날이 밝았다며 기뻐할 수도 있고, 씻지도 않은 채 기

력도 없이 무덤덤하게 일과를 시작할 수도 있다. 오늘의 삶을 스스로 선택해 본다.
　- 안젤름 그륀『하루를 살아도 행복하게』중에서

책 속의 글귀를 공유하기 위해 지인이 보내준 메시지였다. 그 당시 나의 아침은 출근 준비로 늘 마음이 분주하고 바빴다. 특히 월요일이면 '또 일주일이 시작됐구나'라는 생각에 사실 기운이 나지 않을 때도 많았다. 하지만 '어떤 오늘을 맞이할지는 나에게 달려 있고 스스로 선택한 오늘의 삶을 산다'는 메시지를 확인한 순간, 눈앞에 번개가 치는 것처럼 정신이 번쩍 들었다. 오늘 하루를 어떻게 보내고 어떤 의미를 두어야 할지, 출근길 내내 많은 생각이 떠올랐다.

시행착오를 겪으며 뜨거운 20대를 보내고, 30대를 코앞에 둔 나는 든든한 둥지 역할을 해주는 직업이나 직장을 찾기 힘들었다. 그때 지금의 남편을 만났고, 그래서 서른두 살의 나에게 최선이었던 결혼을 선택했다. 편안함과 안정감을 보장해 주는 가정이라는 울타리는 내가 진정으로 바라고 원했던 안전한 둥지였고, 그 속에서 난 충분히 행복할 것이라고 결론지었다.

커다란 숙제 같았던 '결혼'을 하고 나니 할 일을 다 한 것만 같아 홀가분한 느낌마저 들었다. 그 다음해에 아이까지 낳으면서 오로지 남편과 아이에게만 집중하며 현실에 더 안주했다. 둥지 밖으로 나아갈 생각은 조금도 하지 않은 채 주어진 현실에 나를 가두려고 했다. 그렇게 일찌감치 나의 한계를 그어버렸다. 굳이 새로운 무언가를 할 이유도 없었고, 밖에 나가서 힘들게 일할 필요도 없다고 생각하며 하루하루 그저 그런 일상을 반복했다.

앞으로 나는 안정적인 결혼생활을 하며 한 아이의 엄마이자 아내, 며느리로만 살면 된다고 생각했다. 내 자신이 어떤 것을 좋아했고, 어떤 생각을 하며 어떤 친구를 만났었는지 서서히 잊어갔다. 그러다가 내 자신이 한없이 초라하게 느껴져서 우울해지면 그저 뻔한 드라마를 돌려보며 위안 삼고, 드라마가 재미없으면 인터넷 쇼핑몰을 기웃거렸다.

그렇게 나의 내면은 메마른 채 어두운 긴 터널을 지나고 있었는지도 모른다. 어떻게 이 상황을 헤쳐 나가면 좋을지 몰라 끙끙거렸고, 매일 무기력하게 드라마나 스마트폰을 보며 시간을 죽이고 있어도 되는지 불안했다. 한편으로는 직장에서 하루 종일 힘들고 피곤했을 남편에게 맛있는 밥 한 그릇 따뜻하게 차려줄 줄 모르고 짜증만 부렸다. 원인을 알 수 없는 이 짜증스러운 감정에서 어떻게 벗어나야 할지, 무엇을 하며 반복되는 지겨운 일상을 버텨 나가야 할지 모든 것이 고민스러운 나날이었다. 내가 그토록 꿈꾸었던 결혼이 주는 안정감 속에는 반복되는 일상이 주는 무료함과 원인 모를 짜증이라는 복병이 숨어 있었던 것이다.

그러나 다시 일을 시작해도 상황은 크게 달라지지 않았다. 오히려 최근까지 먼 거리를 출퇴근하며 아이까지 신경 쓰느라 치열했던 워킹맘 생활은 더욱 나를 지치게 만들었고, 여유 없는 일상은 불만족스러웠다. 짜증과 화, 무기력 같은 감정이 뒤엉켜 끝을 알 수 없는 바닥으로 추락하는 것 같은 하루하루가 반복되었다. 남들은 직장 다니는 남편 있겠다, 가까운 시댁과 친정에서 애 잘 봐주시겠다, 마음 놓고 직장 다니며 돈도 벌겠다, 도대체 무슨 걱정이냐며 배부른 투정이라고 말하곤 했다. 하지만 삶의 목표를 잃은 채 무한 반복되는 바쁜 일상은 나의 에너지를 더욱 소진시켰고, 그 속에서 반복되는 패턴으로 분출되는 감정 기복은 오롯이 가족에게 향했다.

퇴근하고 바쁘게 차를 몰아 집에 도착한 뒤, 지금은 기억도 나지 않는 작은 실수를 한 아이에게 미친 듯이 화를 내고 소리를 지른 적도 여러 번이었다. 피곤한 몸과 지친 정신 상태로 퇴근하고 왔으니 빨리 정리하고 쉬고 싶은 마음이 컸기 때문에 아이의 조그마한 투정에도 불같이 화를 냈던 것이다.

하지만 정작 자신의 감정은 생각지도 않고 아이에게만 잘잘못을 따지고 있었으니, 얼마나 어리석고 우매한 엄마였는지…. 화내고 큰 소리로 야단치는 무서운 엄마의 모습은 아이에게 얼마나 큰 상처로 남았을까. 그때를 다시 떠올리는 것만으로도 아이에게 미안한 마음에 가슴이 저린다.

아무튼 무기력한 내 생활에 변화를 준 것은, 어느 날 검색을 하다 우연히 접하게 된 어느 워킹맘의 〈엄마표 한글 떼기〉에 대한 블로그였다. 반복되는 생활일지라도 더 나은 삶을 위해 노력하고 감사하며 자신만의 하루를 충실히 살아가고 있는 그녀의 모습을 온라인 세상에서 엿볼 수 있었다. 관심을 갖고 그녀가 쓴 『워킹맘 홈스쿨, 하루 15분의 행복』도 읽어보았다.

이를 계기로 일을 하든 안 하든 힘들지 않고 피곤하지 않은 하루를 보내는 엄마란 찾기 어렵다는 것을 알았다. 동시에 반복되는 일상이라도 열심히 살아가는 많은 엄마들의 모습에서 망치로 머리를 맞은 것처럼 깨달음의 순간이 왔다. 이것을 시작으로 풀리지 않는 나의 고민에 물꼬를 틀어줄 '책'이라는 길잡이를 발견했고, 책을 읽으며 서서히 나의 심장도 다시 뛰는 것을 느꼈다.

MBC의 장수 예능이자 최근까지 가장 성공한 예능 프로그램 중하나는 바로 〈무한도전〉이다. 출연진들의 캐릭터에 스토리를 더하고 리얼 버라이어티 예능을 대세로 만든 주역으로, 예능 프로그램으로는 드물게 열혈 팬층을 확보하고 있다. 이제 단순한 TV 프로그램을 넘어 일종의 사회문화적 현상에 영향을 주기도 한다.

〈무한도전〉이 2005년에 시작할 당시에는 〈무모한 도전〉이라는 타이틀로 방영된 것을 기억할 것이다. 이 프로그램이 처음부터 대단한 인기를 끈 것은 아니었다. '평균 이하의 남자들이 온몸을 던지며 각종 미션을 수행한다'는 콘셉트를 앞세우며 첫 방송부터 출연진들의 미션 수행 과정을 여과 없이 보여주었다. 첫 방송 후, 무모하다 못해 무리한 도전을 하는 이유가 무엇인지 도대체 모르겠다는 싸늘한 반응이 대부분이었다. 시청자들의 냉담한 반응 속에 멤버들도 계속 교체되며 어려움을 겪었지만, 결국 10년 넘게 꾸준히 사랑받는 대표 예능 프로그램이 되었다.

이렇게 인기 프로그램으로 성장할 수 있었던 것은 바로 '무한도전'을 가장한 '무한 반복'되는 그들의 꾸준한 노력 덕분이 아니었을까? 정말 어려워 보이고 무모해 보이는 도전일지라도 멤버들의 무한 반복되는 꾸준한 노력 덕에 우리는 매 방송마다 많은 웃음과 감동을 받았다고 생각한다.

운동선수들이 시합을 위해 매일 훈련하고 연습하는 모습을 볼 때면 우리에게 그들의 고되고 힘든 훈련은 마치 끝없는 도전처럼 보인다. 하지만 정작 그들에게 물어보면 훈련은 매일 먹는 밥처럼 반복되는 일상이라고 말한다. 이처럼 매일 반복하는 것이 훈련이든, 도전이든, 하물며 드라마 보기든, 그 어떤 것일지라도 모두 본인이 어떻게 생각하는가에 달려 있다.

대부분의 현대인의 생활이 그러하듯이 집과 직장을 오가며 그 속에서 가족과 동료 그리고 지인까지 매일 똑같은 얼굴들을 마주한다. 모두가 언제까지 이어질지 알 수 없는 무한 반복되는 일상을 살아가고 있고, 특히 아이를 키우는 엄마들은 더욱 일상의 무료함을 느끼기 쉽다.

하지만 어떤 하루를 보낼 것인지, 오늘 보낸 하루가 모여 어떤 일상을 만들어갈지는 모두 나에게 달려 있다. 특별할 것도 없는 하루가 덧없이 느껴진다면 일상에 '책'이라는 작은 변화를 넣어보는 건 어떨까? 좋아하는 음악을 BGM으로 혹은 향긋한 커피 한잔을 앞에 두고 책을 펼쳐보자. 우리는 단 한 권의 책으로 다시 일상을 살아갈 힘을 얻기도 한다. 비록 지금은 끝이 보이지 않는 일상일지라도 한 권의 책이 가미된 일상을 꾸준히 살아간다면, 매일 똑같아 보이는 일상을 대하는 마음의 근육도 단단해질 것이다.

나 혼자만의 '독서' 시간이
필요한 이유

　출근길에 나의 주파수는 항상 EBS에 맞추어져 있다. 차에 시동
을 켜면 흘러나오는 〈모닝스페셜〉을 BGM 삼아 집을 나서는데, 이
프로그램이 끝나면 항상 경쾌한 음악과 함께 흘러나오는 건강 캠페
인이 있다.

　얼마 전에 들은 것은 현대인의 건강을 위해 필수 사항인 걷기에
관한 캠페인이었다. 그중 귀에 쏙 들어온 말이 무조건 많이 걸을수
록 좋다는 생각은 잘못된 고정관념이라는 것이었다. 올해 미국 스
포츠의학회의 운동 지침에 따르면, 정상 체중의 건강한 성인은 하
루 최소 7천 보 정도면 각종 만성질환을 예방하는 데 효과적이라고
한다. 운동을 위해서는 평상시보다 조금 더 빠르게, 목과 허리를 반

듯하게 편 자세로 걷는 것이 중요하다고 덧붙였다. 의사나 교수들이 소개하는 생활 속 건강 수칙들을 들으면 항상 고개를 끄덕이게 되고, 그들이 마지막에 외치는 말은 나의 귓가를 맴돌곤 했다.

"청취자 여러분, 오늘도 건강을 선택하십시오!"

혈압을 재고 적정 체중을 유지하고 약을 먹으면서 건강을 '관리'한다고만 생각한 나에게 건강을 '선택한다'는 것은 들을 때마다 항상 신선하고 새로운 발상이었다.

나는 평소 아침 5시면 알람소리에 눈을 번쩍 뜨는데, 어느 날 주말 아침엔가는 5시에 깨지 못한 적이 있었다. 그날 새벽에 잠시 깨서 시간을 확인하니 3시 반이었고 '조금만 더 자야지'라는 생각에 눈을 감았는데 다시 눈 뜬 시간은 7시가 넘어서였다. 그날따라 남편은 회사에서의 등산 일정이 잡혀 있는 바람에 나와 아이만 온종일 하루를 보내게 되었다.

그 하루 속에서 다시 한 번 느낄 수 있었다. 나에게는 이른 아침 혼자 보내는 시간이 절실히 필요하다는 것을. 따뜻한 커피와 함께 책도 읽고 글을 쓰며 두 시간을 온전히 홀로 보낸 후 아이와 함께 하는 시간은 온 마음을 아이에게 집중하며 밀도 있게 보낼 수 있다. 하지만 눈을 뜨자마자 아내와 엄마의 모습으로만 하루를 보내다 보면 피로감과 불평이 내 마음속에 차곡차곡 쌓이고, 더 이상 쌓아둘 수 없는 늦은 오후쯤이 되면 나도 모르게 아이에게 화부터 내고 있었다.

눈에 넣어도 아프지 않다는 자식을 낳아 '엄마'라는 이름을 갖는 순간, 나의 자유로운 영혼이 엄마의 마음으로 바로 세팅되는 줄 알았다. 마치 테레사 수녀님처럼 희생하고 배려하며 사랑과 친절이 넘치고 온화한 마음으로 바뀌게 될 것이라고 생각했다. 하지만 현실은 전혀 달라서 아이가 울기만 해도 당황하여 어쩔 줄 모르는, '어쩌다 엄마'가 된 초보엄마가 진짜 나의 모습이었다.

처음 아이를 낳고는 남편이 출근하면 가까이 사시는 친정엄마와 많은 시간을 보냈고, 저녁에는 퇴근한 남편과 무엇이든 함께했다. 그렇게 항상 누군가가 옆에 있는 하루를 1년여 보냈다. 나 혼자만의 시간이라고 해봐야 기껏 집 앞 편의점에 가서 커피를 사오는 게 전부였다. 직장을 다니면서도 나 혼자 보내는 시간은 거의 없었다. 아침에 일어남과 동시에 잠이 덜 깬 아이의 옷을 갈아입히며 정신없는 출근 준비로 바빴고, 퇴근 후에도 아침에 버려둔 집안일과 육아로 정신이 없었다. '퇴근하고 집으로 출근한다'는 말에 100퍼센트 동감하며 절로 고개를 끄덕이곤 했다.

그러다 라디오에서 흘러나온 "누구에게나 혼자만의 시간이 필요하다"는 어느 스님의 말씀이 종일 귓가에 남아 나의 하루를 돌아보니, 정말 온전히 나 혼자 있는 시간은 얼마 없다는 것을 알아차렸다.

후에 혼자 있는 시간을 통해 나는 육아로 지친 나의 마음속 밑바닥에 알 수 없는 짜증과 화가 켜켜이 쌓여 있었음을 제대로 인지할 수 있었다.

그때쯤 이지성 작가의 『꿈꾸는 다락방』을 읽고 감탄을 연발하며 큰 변화를 위한 나름의 시도를 했었던 기억이 있다. 이지성 작가의 다른 책도 찾아 읽으며, 앞으로 원하고 바라는 모습을 종이에 적어보고 상상도 해보며 나름의 전략을 짜보기도 했었다. 그러면서 책을 더 읽고 싶다는 욕심이 생겼다. 하지만 아이와 24시간 지내는 상황에서는 도저히 시간이 나지 않아서 생각해 낸 것이 '일찍 일어나기'였다.

어느 날 커피를 한잔 마시며 책을 읽다가 문득 아침 산책을 해보자는 생각에 운동화를 신고 밖을 나간 적이 있다. 밖은 완전 딴 세상 같았다. 얼마나 많은 사람들이 아침운동을 하며 상쾌한 아침맞이를 실천하고 있는지! 그들이 발산하는 에너지를 온몸으로 느끼며 한동안 아침마다 동네 뒷산을 오르내렸다. 그렇게 아침에 일어나는 시간을 점점 당겨 새벽 4시 반에 깨서 독서를 한 시간 정도 하고 아침운동도 하며 나만의 아침시간을 만들었다. 물론 한 달도 채 못 돼 흐지부지 되어버렸고, 나는 다시 일상으로 돌아왔다. 그 뒤 변하지 않은 내 모습을 더 처절히 확인하게 될까 봐 한동안 책을 멀리

하며 아까운 시간을 무한정 흘려보내기도 했다.

이제 아이가 어느 정도 커서 예전보다는 나 혼자만의 시간을 더 누릴 수 있게 되었다. 사실 혼자만의 시간은 스스로 만들어야 생긴다는 것도 이제는 잘 안다. 누구에게나 정말 필요한 혼자만의 시간을 '어떻게' 보내느냐에 따라서 삶의 질이 달라질 수 있다. 하지만 여기서 간과해서는 안 되는 중요한 사실이 있다. 혼자 있는 시간을 제대로 활용하면 재충전이 되기도 하지만, 그 시간을 의미 있게 보내지 못하면 재충전은커녕 되레 더 피곤할 수 있다는 것이다.

예전의 나는 아이가 낮잠을 자는 주말에 종종 혼자 대형마트를 가곤 했다. 번잡스럽고 많은 사람들 틈에 끼여서 이것저것 고르고 장바구니를 채워 돌아오면 오히려 더 피곤해졌다. 그 뒤에 나 혼자만의 쉬는 시간이 더욱 간절하게 필요했지만, 낮잠에서 깬 아들 때문에 쉬지 못했었다. 때로는 봤던 드라마를 무한 반복해서 계속 보는 것으로 혼자만의 시간을 채우기도 했다. 눈이 빨개지도록 보고 난 뒤에는 괜한 에너지만 빨려나간 듯 마음이 허전해졌고, 이 방법도 전혀 도움이 되지 않는다는 것을 깨달았다. 밀린 집안일을 하더라도 항상 아쉽고 채워지지 않는 무언가가 나의 내면에 있는 것만 같았다.

최근에야 아침 이른 시간에 일어나 책을 읽거나 글을 쓰면서 나의 마음을 채울 수 있는 것을 드디어 찾은 느낌이다. 이제야 하루를 충만하게 시작할 힘을 실어주는 혼자만의 아침 시간을 '잘' 보내고 있음을 스스로 인지하고 있다.

우리는 타인과의 관계 속에서 살고 있지만 혼자만의 시간은 누구에게나 필요하다. 모든 시간을 항상 가족과 함께일 필요는 없다. 혼자만의 시간을 의미 있는 재충전의 시간으로 만들기 위해 나만의 방법을 찾아야 한다. 건강을 '관리'하는 것이 아니라 '선택'하라는 말처럼 우리가 삶 속의 주인으로서 살아가기 위해 선택할 수 있는 것은 무궁무진하다. 그중에서도 삶의 지혜와 혜안을 얻고 다양한 시각을 기르기 위해 책을 선택하는 것은 어쩌면 당연한 귀결인지도 모른다.

책을 읽으며 내가 생각하지 못한 삶의 관점과 지혜를 알아가고 있는 요즘, 무엇보다 책을 읽고 글을 쓰는 일상 속에서 느끼는 재미 또한 크다. 나의 마음을 울리고 삶의 관점을 변화시키며 더 깊이 생각할 힘을 주는 책을 통해 드라마보다 더한 재미와 영화보다 더한 감동을 얻기도 한다.

물론 내 생활 자체가 드라마틱하게 바뀌진 않았다. 여전히 나는 육아가 어려운 초보엄마에다 남편에게 짜증 부리는 철없는 아내이다. 다만 이제는 독서를 통해 이 상황들을 인식하고 개선시키려고 노력하고 있다. 전보다 감정의 소용돌이에 휘말리는 순간도 줄어들고 있고, 조금 더 나를 중심으로 생각하며 하고 싶은 것과 해야 할 일들을 구분하고 있다.

남편들이 이 책을 읽을 확률은 크지 않지만, 그들에게 이렇게 말하고 싶다.

"퇴근한 뒤 아내에게 혼자만의 독서시간을 허락하자."

아내들이여, 혹시나 그럴 상황이 되지 않는다면, 바쁜 하루를 시작하기 전, 이른 아침을 나를 충전할 수 있는 혼자만의 독서 시간으로 만들어보는 것은 어떨까?

2장

아이만 성장하는 엄마,
아이와 성장하는 아내

하루에도 수백 권씩 쏟아지는 많은 책들 사이에서
보석 같은 깨달음과 울림을 마주하는 것은
드넓은 바다 속에서 건져 올린 금반지와 같다.

나는 책을 통해
더 알고 싶고, 더 많이 느끼고 싶고, 더 깊이 깨닫고 싶다.
삶의 이치를 더욱 탐닉하는
책 읽는 엄마이자, 아내 그리고 '나'이고 싶다.

왜 내 주위엔
책 읽는 엄마들이 없을까?

작년 통계청에서 실시한 사회조사 결과 독서 인구 비율은 54.9%로 2년 전보다 1.3% 감소하였고, 1인당 평균 17.3권을 읽은 것으로 나타났다. 누구나 독서의 중요성을 알고 있음에도 불구하고 1인당 독서량은 고작 한 달에 1.4권꼴이니, 결국 한 달에 겨우 한 권의 책을 읽는다고 추측할 수 있다.

내 주위를 둘러봐도 자녀에게 책을 읽어주는 엄마는 꽤 있어도 정작 책 읽는 엄마는 찾기 힘들다. 자녀에게 읽어주는 것 외에 본인이 읽고 싶은 책을 직접 골라 따로 시간을 내어 읽는 엄마들은 정말 없을까? 집에서 혼자 읽느라 겉으로 드러나지 않는 것일까?

작년부터 블로그를 시작하면서 이웃으로 추가한 블로거들은 책을 읽고 글을 쓰는 분들이 많다. 다들 다양한 책을 읽고, 읽은 뒤 리뷰나 서평도 맛깔나게 잘 쓰신다. 각종 독서모임을 통해 다른 사람들과 책에 대한 느낌과 감상을 공유하기도 한다.

　이웃들의 글을 통해 내가 접하지 못한 분야의 책을 추천도서 목록에 추가하기도 하고, 그들의 생각과 사색을 읽으면서 깨달음을 얻고 사고의 깊이와 다양성도 배우고 있다. 그런 자극들이 꾸준히 책을 읽고 글을 쓰며 안팎으로 성장하고 싶다는 욕구를 내 안에 만들어준다. 내면이 단단해지고 외적으로도 변화를 이끌 수 있는 데는 독서만한 것도 없다고 생각한다.

　골프연습장을 운영하며 골프 강습을 하고 계시는 김형국 작가는 얼마 전 골프 초보자를 위한 『내 인생의 첫 골프수업』을 출간했다. 실제 강습을 받는 사람 중에 초보자가 의외로 많다는 사실을 알고는 중급자나 고급자를 위해 쓰려던 것을 초급자를 위한 콘셉트로 책의 방향을 전환했다고 들었다.

　골프가 대중화가 된 지도 꽤 오랜 시간이 지났지만 여전히 골프 입문자가 많은 것처럼, 독서의 세계에서도 이제 막 발을 디딘 사람들과 독서 입문자들이 더 많을 것이다. 온라인 세상인 블로그에서는 독서고수들이 어마어마하게 많지만, 내 주변에서는 독서고수는 고사하고 실제 책 읽는 엄마들을 찾는 것도 어렵다. 온라인 세상과 오프라인 세상은 이처럼 참 다르다.

그렇다면 여기서 질문! 정말 내 주위엔 책 읽는 엄마들이 없는 것일까? 엄마들은 정말 단 한 권의 책도 읽을 수 없는 상황에 처한 것일까? 엄마들에게 하루에 단 30분이라도 책 읽을 시간을 내는 것은 정말 현실적으로 어려운 것일까?

물론 해도 해도 끝이 없는 집안일과 시도 때도 없이 빨간 불이 켜지는 육아를 해야 하는 상황에서 엉덩이 붙이고 앉아서 느긋하게 책 볼 시간을 내는 게 쉽지 않다는 것쯤은 잘 알고 있다. 그 자리에서 해치워야 하는 각종 허드렛일이 눈코 뜰 새 없이 쏟아지고 있다는 것도 눈에 훤하다. 매분 울려대는 스마트폰 메시지 알람과 인터넷 쇼핑몰의 할인 정보 알람이 방해요소인 것도 이미 예상하고 있는 사실이다.

과연 이 모든 상황들 때문에 엄마들은 책을 읽을 여유가 없는 것일까? 그럼에도 불구하고 엄마들이 책을 읽으려면 어떻게 해야 할까? 우선 왜 책을 읽어야 하는지부터 인지해야 한다. 몸이 열 개라도 부족할 정도로 바쁜 엄마들에게 독서가 왜 필요한지 엄마들 스스로 느껴야 책을 펼치게 될 것이다.

하루 종일 집안일과 육아에 에너지를 쏟다 보면 몸도 피곤하지만 정신적으로도 방전될 때가 많다. 그럴 땐 그 자리에 드러누워 에너지가 충전될 때까지 TV 속 드라마에 시선을 고정시키고 싶어진다. 또는 나의 힘듦을 알아달라고 주변의 비슷한 상황을 겪는 엄마들에게 불평불만 가득한 하소연을 쏟아내고 싶은 욕구도 올라올지 모른다.

반복되는 집안일과 육아 스트레스로 에너지가 다 소진되어 "책은 무슨, 잠이라도 푹 잤으면 좋겠다."고 말하는 엄마들이 많다. 이런 엄마들에게 책을 읽으면 위로를 받고 더 나은 일상을 위한 해답을 구하게 될 것이라며 책 한 권을 추천한다면 사이비교의 전도사 취급을 당할까? 그렇다면 나는 묻고 싶다. 각종 스트레스 속에서 불평불만만 늘어놓았더니 살림살이가 나아졌고, 자신의 삶에서 좋아진 점이 하나라도 있는지 말이다. 만약 있다면 나는 도시락 싸들고라도 쫓아다니며 배우고 싶다.

퇴근길 지친 몸을 이끌고 헬스장에 들러 본인의 몸무게보다 몇 배나 무거운 역기를 들어 올리며 구슬땀을 흘리는 40대 남성이 있다. 초콜릿 복근을 자랑하는 그는 불과 1년 전만 해도 완전 다른 모습이었다. 90kg을 육박하는 과체중에 뱃살이 출렁거리는 모습이었던 그는 6개월 만에 25kg을 감량하여 근육질 몸매를 가지게 된 것이다. 단 한 권의 책을 통해 그의 삶을 바꿀 수 있었다고 한다.

우연히 만난 인생 책인 한근태 저자의 『몸이 먼저다』를 읽고 그의 운동은 시작되었다. 고비를 맞을 때면 어김없이 이 책을 읽고 또 읽으며 결심을 다졌고, 6개월 만에 정상체중을 되찾았다. 그 후 그는 건강뿐 아니라 자존감도 높아지고, 겸손해지며 친절해지기까지 하는 인생 대전환점을 겪었다.

이처럼 책은 한 사람의 인생을 구원하고 바꿔놓을 수 있는 대단한 에너지와 잠재력을 갖고 있다. 무조건 유명인이 쓴 책이나 베스트셀러만 찾기보다 나만을 위한 책을 찾아보자. 어쩌면 한 사람의 인생을 송두리째 바꿔놓을 수 있는 단 한 권의 책을 만나기 위해 우리는 계속 책을 읽는 것일지도 모른다.

CBS의 PD이자 작가인 정혜윤은 자신의 저서 『삶을 바꾸는 책 읽기』에서 책을 읽는 이유 중 하나를 이렇게 설명했다.

> 책을 읽는 사람들은 가슴속에 한마디를 담고 있습니다. "도와줘!" 우린 보르헤스의 『바벨의 도서관』에 나오는 사람들처럼 자기 자신을 위한 단 한 권의 책을 찾으리란 희망으로 책장을 들춥니다. 대답을 찾는 과정에서 우린 반드시 삶의 변화를 위한 실마리를 찾아내야만 하는 겁니다.

어쩌면 책 속에 정답은 없을지도 모른다. 하지만 책에서 얻은 깨달음을 통해 적어도 삶의 방향은 알 수 있다고 믿는다. 자신을 위한 한 권의 책을 찾기 위해서 그리고 흔들리지 않는 인생의 방향을 설정하기 위해 우리는 책을 읽는다.

> 지금 이 삶에서 어떤 배움을 얻는가에 따라 우리는 우리의 다음 삶을 선택한다. 아무런 배움도 얻지 않는다면 그 다음 삶 역시 똑같을 수밖에 없다. 똑같은 한계, 극복해야 할 똑같은 짐들로 고통 받는…. 배우고, 발견하고, 자유로워지는 것, 그것보다 더 큰 삶의 이유는 없다.
> – 리처드 바크 『갈매기의 꿈』 중에서

우리는 수십 년간 부모를 포함한 가족과 학교, 직장과 같은 제한된 환경에서 겪은 경험을 토대로 사고한다. 좁은 경험 속에서 이루어지는 문제 해결 방식에는 분명 한계가 있다. 하지만 책을 읽으면 일상에서 부딪히는 각종 문제들과 해결되지 않는 고민들이 방향성을 잡을 수 있고, 혹은 미처 생각지 못한 방식으로 문제를 해결할 실마리도 발견할 수 있다. 그렇다면 읽고 발견하고 깨닫고 배우는 것으로 책을 읽을 가치는 이미 충분하지 않을까?

누군가는 정적인 두뇌활동으로 이루어지는 독서보다 활동적인 운동이나 다양한 취미활동이 더 재미있기 때문에 굳이 독서의 필요성을 못 느낀다고 말할지도 모른다. 하지만 취미생활에 책 한 권을 더하면 더 의미 있는 생활을 영위할 수 있다고 장담한다.

가장 훌륭한 벗은 가장 좋은 책이란 말이 있다. 이미 내 편인 가족이 있는 엄마들에게도 책에서 얻을 수 있는 다양한 정보와 삶의 지혜는 엄마 내공을 단단하게 해줄 뿐만 아니라 본인 스스로의 성장과 발전에도 무한한 길을 열어줄 것이다. 그러므로 가정 안팎으로 많은 역할을 하는 엄마들에게 삶의 방향성을 제시해 주는 독서는 꼭 필요하다.

이제 책을 통해 엄마의 소신과 내공을 다질 마음의 준비가 되었는가? 오늘도 나는 온라인세상만이 아닌 우리의 일상 속에서 책 읽는 엄마들을 많이 만날 수 있길 간절히 희망한다.

반찬 편식 없는 우리 아이,
책을 편식하다

    2006년부터 2015년까지 10년간 방영된 〈우리 아이가 달라졌어요〉는 소아청소년정신과 전문의 오은영 박사의 명쾌한 해결책 제시로 엄마들에게 많은 사랑을 받아온 프로그램이었다. 그중에서 모든 반찬을 거부하고 밥에 김만 싸서 먹는 아이에 대한 사연을 본 적이 있다. 아이의 상태부터 파악하고 제시한 전문가의 솔루션 중 하나는 엄마가 아이와 함께 재료를 직접 고르고 준비하며 간단한 요리를 해서 맛있게 먹는 일련의 과정을 거치는 것이었다. 얼마 뒤 엄마와 함께 음식을 만들어서 먹는 즐거움을 깨닫게 된 아이의 상태는 몰라보게 호전되었다.

    1인 가구수가 빠른 추세로 늘어나는 요즘 인스턴트 음식이나 즉석식품이 무척이나 잘 나와 있다. 요리 솜씨가 없는 엄마들이나 바쁜 워킹맘들도 간편하게 애용하기에 손색이 없다. 부족한 것 없이 자라는 요즘 아이들에게는 밥을 대신할 먹거리들이 지천에 널려 있다. 아이들이 학교 급식에서 채소 반찬만 빼고 식판에 담기 때문에 항상 채소 반찬은 예상보다 적게 만들어야 한다는 말도 들었다. 과자와 빵 등 간식으로 배를 채우는 식습관이 이루어지는 나이도 점점 어려지고 있다.

요즘에는 먹는 것으로 속 썩이는 집이 한두 집이 아니고, 심하게 편식하는 아이들 때문에 애타는 부모들도 많다. 그나마 우리 아이는 반찬 편식은 없는 편이지만 아주 천천히 먹는 버릇이 있다. 좋은 말로 '천천히'이지, 한 숟가락 먹고 딴짓을 하거나 돌아다니기 일쑤이다. 입에 밥을 넣고 씹지도 않은 채 가만히 생각에 잠겨 있는 모습을 보고 있으면 속에서 천불이 날 정도이다. 식당에 가도 아이가 원체 느긋하게 먹는 바람에 떠먹여주느라 정작 나는 제대로 먹지도 못하고 일어나곤 했다.

그나마 다행인 것은 아들이 당근, 무, 콩나물, 시금치, 우엉과 같은 각종 채소들을 좋아한다는 것이다. 생 당근을 썰어주어도 와삭와삭 잘 씹어 먹고, 콩나물 무침도 잘 먹는다. 시금치 된장국이나 야채 볶음도 잘 먹고 바삭바삭한 멸치도 좋아한다. 특히 카레는 아들이 제일 좋아하는 음식이라 집에 있는 당근, 감자, 양파만 대충 넣고 후

딱 만들어주어도 참 잘 먹는다. 어릴 때부터 여러 가지 채소를 먹는 습관을 들인 덕분인지 다행히 아들은 채소 반찬에 거부감이 없다.

먹고 사는 것이 중요했던 우리 부모 세대들은 잘 먹이는 것이 잘 키우는 것이라고 생각하신 덕분에 어릴 때부터 할머니의 손맛을 봐서 그런지 아들은 아이 입맛답지 않게 청국장 같은 음식도 먹을 줄 안다. 출근을 할 동안 시댁과 친정에서 아들을 데려다가 아침을 먹이고 유치원에 등원시켰기 때문에 아들은 채소 반찬을 먹을 기회가 많은 편이었다. 할머니가 아침마다 떠먹여주는 밥을 다 먹고 배가 빵빵해진 아들은 느지막이 유치원에 가서 논다. 두 시간쯤 뒤 점심시간이 되지만 소화도 덜 된 상태에서 배도 고프지 않을 것이니 아들은 천천히 시간을 끌며 제일 늦게까지 먹는다고 한다.

이처럼 먹는 속도는 느렸지만 반찬 편식을 하지 않던 우리 아이에게 책을 읽어주기 시작하면서 책에 대한 편식이 생겼다. 어릴 때부터 다양한 책을 접해주자는 생각에 단행본부터 시작해서 중고전집까지 참 많이도 사서 읽어주었다. 그러던 어느 날 정글 속 동식물과 곤충, 바다 속에 서식하는 각종 바다생물, 지금은 존재하지 않는 공룡과 같은 다양한 생명체의 그림만 있는 『상상해 봐』라는 그림책에 꽂힌 적이 있었다.

그 책은 글은 없고 오밀조밀하고 세밀한 그림으로만 이루어진 책이었다. 맨 뒤 페이지에는 그림마다 번호를 매겨 생물들의 이름이 작은 글자로 빼곡히 박혀 있었다. 그 당시 말도 못하던 우리 아이가 어떤 생물체를 손가락으로 가리키면 그 이름을 뒤 페이지에서 찾아서 알려주곤 했다. 또 다른 그림을 가리키면 작은 글자들 사이에서 겨우 번호에 맞는 이름을 찾아 알려주는 과정을 한동안 꽤 오래 반복했었다. 앞뒤 페이지의 그림을 대조하며 찾아내고 작은 글자로 적힌 이름을 알려주는 과정이 정말 지겨운 나머지 다른 책을 보자고 덮으면 아들은 울고불고 난리가 났었다.

그 책은 하루 종일 거실에 펼쳐져 있어야 했다. 좋아하는 동물이나 생물이 나오는 특정 페이지를 펼쳐두고 아들은 다른 놀이를 하다가도 그 그림에 눈길 한 번 주며 지나갔다. 다른 책을 보다가도 그 책 속의 그림을 짚으며 이름을 물어보곤 했다. 간혹 틀린 이름으로 알려주면 옹알이로 틀렸다는 뜻을 전했고, 다시 말하라고 계속 손가락으로 가리켰다. 그 당시 아들은 그 그림책을 꽤 오래 편애했었고 급기야 책등이 너덜거리다 못해 책등에서 속지가 분리되는 지경에까지 이르렀다. 그 책을 버리고 싶을 만큼 그 책 때문에 미칠 것만 같은 시간은 한동안 지속되었다.

박사 과정을 위한 수학시간에 교수가 칠판에 문제를 적으며 학생들에게 말했다. "여기 이 문제는 많은 수학자들이 수년간 도전하였지만 아직 풀지 못한 문제입니다. 여러분도 한 시간만 이 문제와 씨름해 보십시오."

　얼마 뒤 늦게 입실한 한 학생이 아무 생각 없이 칠판에 제시된 문제를 풀기 시작했고, 결국 한 시간 뒤에 문제를 푼 사람은 그 지각생뿐이었다. 다른 학생들이 풀지 못한 문제를 그 지각생이 풀 수 있었던 가장 큰 이유는 '풀 수 없는 문제'라는 교수의 설명을 듣지 못했기 때문이다.

　우리는 이처럼 주위의 누군가가 하는 말에 따라 이것은 좋다 혹은 저것은 나쁘다고 미리 단정 지을 때가 많다. 주위의 두세 명 사람들만 한쪽이 옳다고 말해도 기정사실화하기도 한다. 온라인에서 일면식도 없는 일부 사람들의 몇 마디가 옳은 것인 양 결론지을 때도 있다. 하물며 전문가라고 인식하고 있는 교수님이 아무도 풀지 못한 수학문제라고 말했으니 애초부터 누가 그 문제를 풀 수 있다고 생각할 수 있었을까?

　어린 아이가 한 분야의 책만 보는, 이른바 '책 편식은 좋지 않다'는 생각은 어디에서 흘러나온 것인지 나로서는 알 수 없다. 하지만 대부분의 엄마들은 아이가 한 분야의 책만 파는 것을 결코 좋아하지 않는다. 인터넷 검색창에 유아동 추천도서라는 키워드를 넣어보면 영역별로 꼭 봐야 할 책들, 연령별 추천 도서, 초등학교 입학 전에 읽어줘야 할 책들까지 엄청난 도서목록을 쉽게 만날 수 있다.

　아이에게 그 책들을 다 읽어줄 수 있는 부모는 과연 얼마나 될까? 아이들이 그 많은 책들을 제대로 소화할 수나 있을까? 온라인 커뮤니티에는 1년 동안 아이가 읽은 책이 100권, 200권 또는 1000권을 달성할 때마다 독서기록장이나 독서골든벨과 같은 기념 인증샷을 올리는 엄마들을 많이 볼 수 있다. 아이를 위한 책이 어느새 보여주기 식의 독서가 되어버리는 쓸쓸함을 감출 수가 없었다. 더보고 있으면 불안감만 조장할 것 같아 그 온라인 커뮤니티를 과감히 탈퇴한 적도 있다.

유치원 등원 전에 먹은 아침이 소화되기도 전에 점심을 또 먹어야 하는 아들은 밥을 먹을 때마다 계속 속도가 늦어진다. 본인이 먹고 싶을 때 먹고 맛보고 싶은 음식을 먹어야겠지만 그럴 상황이 여의치 않을 때가 많다. 매일 편식을 하거나 불규칙적으로 먹는다면 그건 분명히 좋지 않은 습관이다. 하지만 잠시라도 자기가 좋아하는 것에만 집중할 시간도 필요하다고 생각한다. 물론 집중하는 것이 유해한 것이라면 막아야 하지만 그것이 책이라면 이야기는 달라진다.

책도 주입만 하면 소화되지 않는다. 몇 권의 책을 읽었느냐보다 중요한 것은, 책을 얼마나 즐기고 독서에 재미를 느끼고 있느냐이다. 그러기 위해서는 100권의 시큰둥한 책보다 단 한 권의 재미난 책을 경험할 시간이 필요하다. 아이는 분명 관심이 있는 것을 한 번 더 들여다보고 한 번 더 펼쳐보게 되어 있다.

　아이가 관심을 갖고 있는 책을 수십 번 보는 것은 환영할 만한 일이다. 엄마가 그것을 제지할 이유는 없다. 그러니 엄마가 조급해 하면서 다른 책을 들이밀거나 그만 보라고 하지 않아도 된다. 그저 옆에서 지켜보고 읽어달라고 하는 책을 읽어주면 그것으로 충분하다. 이젠 아이가 좋아하는 책을 지겨워할 때까지 보도록 기다려주고 허락해 주자.

책을 읽기 위해
엄마가 내려놓아야 하는 것들

　어느 기사에서 전업주부들의 가사노동시간을 돈으로 환산하여 주부들의 월급을 계산한 적이 있다. 일일 평균 가사노동시간은 12시간 정도로 월급으로 환산 시 380만 원이며 연봉으로 따지면 4,600만 원이었다. 나의 예상을 훌쩍 뛰어넘는 금액이라 그 기사 내용을 읽고 깜짝 놀랐던 기억이 난다. 청소, 빨래, 요리를 포함한 집안일은 웬만큼 해서는 표시가 잘 나지 않지만 하루라도 하지 않으면 금방 표시가 나는 것 중에 하나다. 아침을 먹고 돌아서면 설거지에 청소, 빨래와 이어지는 다음 식사 준비, 거기다 육아를 더하면 잠시 숨 돌릴 틈도 없는 것이 보통 엄마들의 일상이다.

　쓸고 닦고 설거지도 하며 집안일을 계속 하다 보면 누구나 쉬고 싶어진다. 그때 재미있는 드라마라도 하면 한두 시간은 눈 깜짝할 새 흘러가버린다. 포털 검색을 누르는 순간 할인대박, 초특가 쇼핑 등 정신 차리기 힘들 만큼 유혹하는 광고는 덤이다. 무언가 사지 않으면 안 될 것 같은 마음에 인터넷 쇼핑거리를 헤매다 보면 또 한 시간쯤은 마치 1분처럼 지나가버린다. 이런 엄마들의 일상 속에서 책을 읽으려면 무엇을 내려놓고 무엇을 선택해야 할까?

책을 읽으려고 다짐했다면, 책을 읽기 위한 체력과 에너지를 비축하고 시간을 만들어야 한다. 시간이 없어서 책을 읽을 수 없다고 하는 사람은 설령 시간이 있어도 책을 읽을 사람이 아니라는 말이 있다. 책 읽는 시간을 만들기 위해서는 꼭 해야 할 것들을 스스로 정하고 일정한 시간 동안 그 일을 다 마치는 습관이 필요하다.

누구나 바쁜 일상을 살고 있지만 독서는 습관의 힘이다. "처음에는 우리가 습관을 만들지만 그 다음에는 습관이 우리를 만든다."는 영국의 시인이자 극작가인 존 드라이든의 말처럼 우선 하루에 일정 시간을 정해서 할 일을 마무리하고 나머지 시간 동안 책을 읽는 습관을 들일 필요가 있다.

어느 누구도 모든 것을 다 할 수는 없다. 내려놓아야 하는 것은 과감히 내려놓아야 한다. 엄마들에게 책을 읽기 위해 최소한의 집안일을 선택하기란 쉽지 않을 수 있다. 나 또한 그런 쉽지 않은 과정을 거쳐 왔다. 4시 반에 퇴근하던 직장을 다니던 때에는 반찬 만들기를 포함한 식사 준비와 설거지, 정리정돈에 청소까지 다 하고는 넉 다운된 적도 많았다. 차라리 몇 가지는 내려놓고 그 시간과 에너지를 책 읽는 데에 쏟았다면 지금의 나보다는 조금 더 성장해 있지 않았을까 생각해 본 적도 있다.

직장이 멀어진 후부터는 퇴근해서 많은 것을 할 시간도 없고, 체력도 받쳐주지 않았다. 거기다가 책을 읽기 위해 아침 5시에 일어나다 보니 내가 할 최소한의 것들을 마치고 일찍 잠자리에 들어야 했다. 그래서 내가 꼭 하기로 정한 최소한의 집안일은 설거지와 주말에 하는 빨래, 월요일마다 일주일치 입을 남편의 와이셔츠 다리기였다.

최소한의 집안일을 정하기까지 처음에는 우여곡절을 좀 겪었다. 퇴근 후 늦은 저녁을 준비한다고 부엌에 있으면 아들은 놀아달라고 옆에 달라붙어서 징징거렸다. 아들에게 화를 내기도 하고 대충 달래보기도 했지만 그때마다 다른 아들의 반응에 대처하느라 진땀을 빼기도 했다. 아들을 위한 저녁준비가 더 이상 아들을 위한 것이 아닌 느낌이었다.

그런 일을 몇 번 겪은 뒤로 과감히 저녁 준비를 포기했다. 즉 내가 직접 만드는 반찬과 국끓이기는 주말로 미루고, 평일에는 시댁과 친정에서 주시는 밑반찬으로 대충 해결했다. 국이 없으면 없는 대로 먹었고, 즉석 밥과 즉석국으로 대체하기도 했다.

그래도 이것저것 대충 정리하고 아들을 씻기고 나면 아들을 재우는 시각인 9시 반까지 한 시간 남짓 남곤 했다. 그 시간 동안 아들과 최대한 살 부비고 노닥거리면서 유치원에서 있었던 이야기도 나누고 책도 읽어주며 시간을 보냈다. 그림 그리는 것도 옆에서 지켜보며 그림에 대한 이야기도 듣고 내 체력이 따라줄 때면 변신놀이도 같이 해주었다. 집 청소할 시간도 부족해서 남편이 퇴근 후 종종 청소포를 밀대에 꽂아 닦을 때면 수고했다는 말 한마디로 대신했다. 불편한 마음으로는 내려놓기도 안 되기 때문에 이때 죄책감도 미안함도 가지지 않으려고 노력했다.

지역 서점인 삼일문고에서 우리말 연구가이자 전직 교사였던 이오덕 선생님의 생전의 모습을 담은 사진과 설명으로 꾸며놓은 작은 전시공간을 둘러본 적이 있다. 그중에서 엄청난 규모의 책과 기록물을 찍은 사진 한 장을 눈여겨본 기억이 있다. 사진은 마치 도서관을 연상시키는 이오덕 선생님의 서재를 보여주고 있었다. 입을 다물지 못할 정도의 규모여서 아주 인상 깊었다. 노후를 보낸 시골의 초가집 같은 곳에 이런 비밀 공간이 숨어 있었다니!

그 사진처럼 방 하나를 책장으로 둘러싸고 싶다는 작은 로망이 나에게도 있다. 한쪽 벽은 아이 책, 또 다른 한쪽 벽은 내 책으로 구분지어 천장까지 닿을 높이의 책장으로 채우고 싶지만… 현실은 다르다. 이사를 온 지 몇 달의 시간이 지났지만, 집 안은 여전히 어수선하다. 수납공간이 많아도 여기저기 물건이 나와 있고, 식탁 위에도 항상 무언가 놓여 있다. 정리를 잘하지 못하는 나의 살림 솜씨 탓만 하기엔 설명이 부족해서 찬찬히 둘러본 적이 있다. 어수선한 이유 중 하나는 바로 책이었다. 아들이 보는 책과 내가 보는 책이 책장에 꽂혀 있지 않고 거실에 널브러져 있는 것이다.

아들에게 책을 읽어주고 나 또한 틈틈이 책을 읽는 것이 일상이다 보니, 책은 자연스레 책장이 아닌 집안 여기저기에 나와 있다. 눈에 띄는 곳곳에 책을 둬야 자주 펼치게 되고 그래야 더 자주 읽게 되기 때문이다.

일단 도서관에서 빌려온 책은 반납 기한 내에 반납하기 위해서 식탁 위에는 빌려온 책 몇 권이 항상 놓여 있다. 아들이 자주 보는 책도 책장에서 빼오는 것이 귀찮아서 거실바닥에 뒹굴고 있다. 새로 사준 아들 책은 흥미를 갖고 계속 보라고 아들의 작은 책상 위에 두었다. 그리고 내가 읽다만 책도 틈틈이 읽으려고 여기저기 놓여 있다. 그래서 깔끔한 새 집으로 이사를 왔음에도 불구하고 정리가 덜 된 느낌이 들었던 것이다.

이렇게 책을 여기저기 두어 정리는 안 된 것처럼 보일지언정 나는 예전보다 더 많은 책을 읽고 있다. 거실에 책들이 널브러져 있으면 아들에게 읽어주는 것 또한 어렵지 않다. 예를 들어 설거지 후 거실에 앉아 손에 잡히는 책 한두 권 뚝딱 읽어주기 쉽고, 밥 먹으며 잠시 멍하게 앉아 있을 때도 식탁 위에 있는 책을 넘겨 읽어주면 된다. 책이 곳곳에 보이면 자연스럽게 읽는 것에도 부담감이 적어진다.

직장을 다니며 육아와 집안일을 하고, 거기에 책도 읽는다는 것은 많은 포기와 또 많은 선택이 수반되어야 한다. 다 잘하면서 책까지 읽으려면 어느 하나는 반드시 놓치게 된다. 하지만 직장을 꼭 다녀야 하고 아이도 키워야 한다면, 내려놓는 것은 책이 아니라 집안일이어야 한다. 집안일을 내려놓으라는 것을 집을 돼지우리처럼 만들라는 말로 오해한다면 곤란하다. 해야 되는 최소한의 집안일을 선택하고, 최소한의 생활 유지를 하면 된다는 의미로 받아들였으면 좋겠다.

어떤 엄마들의 경우에는, 직접 본인의 손으로 해오던 여러 가지 일을 내려놓기까지 많은 연습이 필요할 수도 있다. 예를 들면 매일 하던 빨래를 이틀에 한 번, 사흘에 한 번으로 서서히 바꾸어보는 연습 과정이 필요하다. 매일 걸레로 닦는 바닥을 며칠에 한 번으로 줄인다 해도 살아가는 데는 아무 문제가 없다. 매일 하던 식사 준비도 가끔 즉석 음식이나 간편식으로 해결해도 건강에 무리가 가지 않는다.

남에게는 별것 아닌 것 같아 보여도 정작 본인에게는 내려놓기 위해 큰 결심이 따라줘야 할지도 모른다. 나 같은 경우, 즉석 밥과 즉석 국을 먹은 것이 최근 1년 사이다. 가끔 먹으니 건강에 문제도 없다. 직접 만들어 먹이지 못하는 것에 대한 자책이나 미안함도 가지지 않으려고 한다. 그 시간에 독서로 얻는 더 많은 것을 가족과 함께 나누고자 한다.

책을 읽는다는 것은 돈이 생기기는커녕 책을 산다고 오히려 돈을 쓰게 된다. 무슨 대단한 책을 읽는다고 해도 해도 끝이 없는 집안일을 최소화시키느냐고 생각하는 사람도 있을 것이다. 돈을 벌어다주는 것도 아니고 사회적 명예와 지위도 주지 않는 독서는 그래서 더욱더 자신만의 소신과 결심이 필요하다. 그렇지 않으면 습관도 되지 않을 뿐더러 다른 것들에 밀려 우선순위를 빼앗기기 쉽다.

집안일에 힘을 좀 빼고 아껴둔 에너지를 책을 읽는 것에 써보면 짜증나는 일도, 다람쥐 쳇바퀴 도는 일상도 책을 통해 위로받을 수 있다. 위로와 공감을 느끼다 보면 책은 어느새 나의 손을 떠나지 않게 되고, 읽다 보면 또 다른 문이 열릴 것이다.

그러니 책을 읽는 일상을 원하면, 급하지 않는 집안일은 내려놓고 정리와는 적당한 거리를 둘 필요가 있다. 깨끗하게 정리되고 예쁜 인테리어로 꾸며진 집에 대한 욕심도 잠시 내려놓아야 한다. 책을 읽을 수 있는 환경을 만들고 싶다면, 집안 구석구석을 책으로 인테리어 한다고 생각해 보자. 책이 곧 인테리어이고, 책으로 어지럽혀진 집 속에서 책은 훨씬 쉽고 편하게 읽힐 것이다.

위로가 필요한 순간,
책이 주는 힘

노숙자이면서 마약중독자인 채로 아무런 희망도 없이 거리에서 노래를 하는 제임스는 어느 날 상처 입은 고양이를 우연히 발견했다. 다리와 배에 심한 상처를 입고 웅크리고 있는 고양이를 그냥 지나칠 수 없었던 그는, 하루 종일 거리에서 노래를 불러 얻은 돈으로 고양이를 치료해 주었다. 그 후 여느 날처럼 버스킹을 시작한 제임스는 평소와 다르게 사람들이 따뜻한 환호를 보낸다는 것을 알아챘다. 바로 치료를 받은 고양이가 제임스 옆을 지키고 있었기 때문이었다.

고양이와 함께 버스킹을 이어 나가며 고양이와 가족이 된 그는 결국 마약중독에서 벗어나 새로운 삶을 살게 된다. 이는 실존 인물

제임스와 영국에서 가장 유명한 길고양이, 밥(Bob)의 실화로 『내 어깨 위 고양이, 밥(A Street Cat Named Bob)』이라는 책으로 출간되어 베스트셀러가 되었고 영화로도 제작되었다. 제임스는 현재도 거리에서 희망을 노래하고 노숙자와 동물복지단체를 돕는 등 가슴을 울리는 따뜻한 스토리를 만들어 가고 있다.

하루하루가 너무 빠르게 지나가서 따라가는 것만으로도 숨이 찰 때가 있다. 이럴 때는 영화 한 편이나 책 한 권을 통해 숨 고를 시간과 작은 휴식을 가지는 것이 필요하다. 특히 따뜻한 책 한 권은 위로와 함께 내일을 살아갈 힘을 준다.

얼마 전 블로그 이웃의 추천으로 김재용의 『그나저나 나는 지금 과도기인 것 같아요』를 읽었는데, 읽는 내내 격한 공감으로 내 마음에 위로가 되었다.

과도기 중에서 30~40대의 과도기가 제일 넘기 힘들죠. 아가씨와 아줌마의 중간 지점, 처음 살아보는 어중간한 나이에다 경험도 별로 없으니 혼란스러운 건 당연합니다. 이러다가 내 인생이 끝장나는 건 아닌가 하는 위기감이 들기도 하지만, 아이러니하게도 성장할 기회가 왔다는 신호이기도 해요. 과도기는 성장하는 이들만이 느낄 수 있는 하나의 특권이니까요.

이 구절을 읽으면서 '아가씨와 아줌마의 중간지점', '어중간한 나이', '위기감,' 그리고 '성장할 기회'라는 단어들이 모두 다 어쩜 이렇게 나의 상황에 딱딱 들어맞는 표현인지 놀라움을 금치 못했다. 저자의 말처럼 "어느 한 꼭지의 글에서나마 작은 위로의 빛 하나 건져 올리기 위해" 자주 펼쳐보고 싶은 책을 만난 기분이었다. 나도 저자의 나이가 되면 이런 삶의 이치를 깨닫고 진리를 밝게 바라볼 수 있는 혜안을 가질 수 있게 될지 궁금했다.

특히 '여자의 서른 그 후, 달라지는 것들에 대하여'라는 이 책의 부제는 나의 시선을 더욱 집중시켰다. 여자에게 서른이라는 나이는 곧 더 이상 꽃다운 청춘이 아니라는 것, 더 이상 젊음을 무기로 세상 벽에 부딪히기 주저하게 되는 것, 이젠 젊은 여성이 아닌 결혼 적령기를 앞둔 여성이라는 것을 다 포함한다. 서른을 훌쩍 넘어 2018년 30대의 마지막을 보내고 있는 이 시점에서 어떤 태도와 생각으로 30대를 마무리하고 어떤 40대를 맞이해야 할지 사뭇 진지해졌다.

탈무드에 나온다는 '남편의 집은 아내다'라는 말을 이 책에서 읽으면서 난 남편에게 과연 어떤 집일까 생각해 보았다. 그동안 너무 퉁명스럽고 쌀쌀맞은 집은 아니었을까? 주말에 TV 좀 그만보라고 쉬지도 못하게 잔소리만 늘어놓는 집은 아니었을까? 힘드니까 나 건드리지 말라고 고슴도치처럼 있는 힘껏 가시를 뾰족하게 곤두

세운 가시방석 같은 집이었을까? 힘들게 직장 생활하는 우리 남편이 갑자기 안쓰러워지면서 이제 좀 잘해줘야겠다고 반성한 순간이었다.

퇴근 후 내년도 유치원 운영을 위한 학부모 설명회에 참석한 적이 있다. 아들이 다니는 유치원은 이곳만의 특별한 시작이 있다. 바로 그림책 읽어주기이다. 원장선생님께서 참석한 학부모들에게 행사 시작 전에 그림책을 읽어주신다. 바쁜 엄마들을 모셔놓고 무슨 그림책을 읽어주냐고 의아해 할 수도 있다. 나 역시 처음엔 유치원 설명회나 입학식과 같은 행사 때마다 원장선생님이 들려주시는 그림책 읽어주는 시간이 어색하기 짝이 없었다. 이젠 종종 듣다 보니 나도 모르게 이야기에 귀를 기울이게 된다. 아이에게 읽어주는 입장이 아닌, 듣는 입장이 되어보니 오감을 열어 이야기를 받아들일 수 있는 색다른 경험도 되었다. 그날 들은 『완벽한 아이 팔아요』라는 그림책의 줄거리를 잠깐 소개하자면 다음과 같다.

어느 날 뒤프레 부부는 대형 마트를 찾았어요. 아이를 하나 사려고 말이에요. 음악 잘하는 아이, 천재 아이, 쌍둥이 아이… 진열되어 있는 수많은 훌륭한 아이 중 부부는 그토록 원하던 '완벽한 아이'를 살 수 있었어요. 그렇게 한 가족이 된 아이 바티스트는 인사도 잘하고, 공부도 잘하고, 얌전하고, 부모님 말씀도 잘 듣는, 그야말로 완벽한 아이였어요. 부부는 정말 흐뭇했지요. 그러던 어느 날, 엄마 아빠가 학교 축제 날짜를 헷갈리는 실수를 하는 바람에 바티스트는 반 친구들에게 창피를 당하게 돼요. 그리고 그 완벽했던 아이가 마침내 처음으로 불만을 터트렸고, 놀란 뒤프레 부부는 얼굴을 잔뜩 찡그린 채 아이를 데리고 아이를 샀던 대형 마트로 향해요. (출처: 네이버 책 소개)

또랑또랑한 목소리로 들려주시는 원장선생님의 이야기에 어느새 집중하고 있는 내 모습을 보았다. 늦지 않으려고 퇴근하자마자 차를 바삐 몰아 도착한 자리에서, 바쁜 일상에서 느끼지 못하는 여유를 느꼈고, 동화가 주는 왠지 모를 포근함이 마음속에 뭉게뭉게 피어오르는 것 같았다. 하루 종일 딱딱하게 굳어 있던 마음이 말랑말랑해지면서 선생님이 들려주는 이야기를 토시 하나도 놓치지 않으려고 귀를 쫑긋 세운 어린 아이마냥 푹 빠져서 들었다.

뒷내용이 점점 궁금해졌고 완벽한 아이 바티스트가 울먹이면서 내뱉는 질문에 난 그만 허를 찔린 느낌을 받았다. "완벽한 부모는 없나요?"

이 말을 생각하면 지금도 가슴이 먹먹해지면서 뜨끔하다. 우리 모두 완벽한 부모가 되고 싶지만 결코 완벽하지 않다. 완벽한 아이가 없듯이 완벽한 부모도 없다. 단지 최선을 다하고 완벽하기 위해 애쓰고 노력하는 부모만 존재할 뿐이다. 그래서 이 동화는 어린이를 위한 것 같지만 어른을 위한 동화이기도 하다. 다양한 그림책 중에서 이 책을 선택하신 원장님의 고심이 충분히 전해진 순간이었다.

14년차 직장인, 5년차 초보엄마라는 저자 이혜진은 성수선의 『밑줄 긋는 여자』라는 책을 읽고 독서에세이를 쓰고 싶다고 생각하며 지난 해 『일상이 독서다』라는 책을 출간했다. 저자는 일하는 엄마의 지친 일상과 육아의 고단함 그리고 그 속에서 느끼는 작은 행복들을 자신의 책에 담담하게 써내려간다. 읽으면서 워킹맘의 피곤함으로 아이는 뒷전으로 물러나 항상 미안함과 자책감을 마음속 깊이 간직한 저자의 모습이 어쩜 이리 나와 똑같은지, 저자가 내 마음속에 들어갔다 나온 것 같은 착각마저 들었다. 아마 책에도 SNS처럼 공감단추가 있었다면 백 번도 더 눌렀을 것 같았다.

이 책을 계기로 알게 된 성수선의 『밑줄 긋는 여자』는 마침 절판된 책이어서 중고로 구해서 읽게 되었다. 모르는 사람을 책을 통해 알게 된 것 같아 읽는 내내 마음을 참 따뜻하게 덥혀준 책이다. 그중에 마음에 와 닿은 구절이 있다.

글쓰기에 대한 열정은 한 달에도 몇 번씩 도망을 간다. 바쁘고 힘들 때 회사 다니는 것만으로 벅찰 때 잘 써지지 않을 때는 정말

이지 다 집어치우고 싶다. (중략) 들쭉날쭉하긴 하지만 그래도 고
마운 건, 가출한 열정이 어쨌거나 돌아온 온다는 거다. 사랑을 지
키는 데도, 열정을 지키는 데도, 젊음을 지키는 데도 노력이 필요
하다. 열정을 지키기 위해서는 끊임없이 새로운 일에 부딪쳐야 한
다. 전혀 상관없을 것 같은 강의도 들어보고, 여행도 떠나고, 잊고
지내던 친구들도 만나고, 옛 은사님도 찾아뵙고, 모교 캠퍼스도 걸
어보고, 한 번도 안 입어본 색깔 옷도 입어보고, (중략) 열정도 갈
구하는 자에게만 온다.

이 책을 읽을 당시 나 또한 평소에 그래도 잘 써지던 글이 한 줄
도 안 써지는 날을 겪으며 의기소침했던 때라 '어쨌거나 가출한 열
정이 돌아온다'는 말에서 참 많은 위로를 받았다. 사랑도, 열정도,
젊음도 그리고 가족과 나 자신까지도 지키기 위해서는 끊임없이 관
심을 기울이고 의식적으로 노력해야 함을 다시 한 번 느낄 수 있는
구절이었다.

다양한 경험들이 쌓이면 어느새 사그라진 열정도 다시 불러들
일 수 있다니, 낯선 곳으로 여행도 가보고 연락이 뜸한 친구도 만나
고 싶어졌다. 외모적인 젊음이 아닌 정신적인 젊음, 즉 감성, 공감,
다름의 인정, 다양성을 받아들일 만큼 깨어 있기 위해 다양한 책을
읽으며 생각의 폭을 넓히는 것이 필요하다. 독서를 통해 다른 사람
들과 생각을 공유하며, 혼자만의 우물에 갇혀서는 안 된다고 한 번

더 스스로를 다잡는 계기가 된 책이었다.

　『내 어깨 위 고양이, 밥』이 주인공의 마음을 읽어주고 위로하며 삶을 치유해 주는 것처럼 일과 육아에 지쳐 몸도 마음도 늘어져 있는 나에게 위로가 되어준 것은 아이도, 남편도 아닌 책이었다. 책을 품에 안으면 지친 나의 마음을 어루만지고 도닥이는 따뜻한 울림이 느껴지고, 뜨거운 일상을 반복할 힘도 얻을 수 있다. 부디 일상에 치여 지쳐가고 있는 당신에게도 책으로 위로받는 날이 오기를 희망한다.

책 읽는 아내가
책 읽어주는 엄마 된다

　퇴근길에 아들을 맡아주신 시댁에 들르면 갈 때마다 어머님께
서는 내게 뭔가 한 꾸러미씩 안겨주셨다. 어느 날은 식구들이 좋아
하는 반찬이기도 하고, 어느 날은 직접 가꾸는 밭에서 난 싱싱한 식
재료들이기도 했다. 하루는 소고기국을 끓였다면서 냄비 가득 담아
주셨는데, 마침 배가 고팠던 터라 얼큰한 소고기국에 밥 말아먹을
생각에 서둘러 아들을 데리고 나왔다.

　집까지 가는 10분 남짓한 시간 동안 아들 녀석은 피곤한지 차
안에서 잠이 들었다. 주차를 하고 잠든 아들을 깨우니 아들은 눈을
뜨는 둥 마는 둥 엘리베이터까지 비몽사몽 걸어갔다. 터벅터벅 걷
는 아들 보랴, 아이 책 몇 권으로 더 무거워진 내 가방과 아이 가방

들랴, 한 손에는 소중한 국이 든 무거운 냄비까지…. 집에 도착하니 기진맥진해서 힘이 다 빠져버렸다.

배 속에서는 꼬르륵 소리가 더 요란해졌지만, 주린 배를 잠시 참고 현관 앞에 엎어져 잠든 아들을 깨워 목욕부터 시켰다. 마침 밥이 뚝 떨어져 밥도 씻어 안쳤다. 그 사이에 거실이며 부엌, 큰방 바닥 먼지를 닦아내고 후다닥 씻고 나와 어머님이 주신 소고기국을 따끈하게 데웠다.

밥솥에서 김이 모락모락 나는 밥을 퍼 담고 소고기국까지 한 그릇 담아 한 술 떠먹었다. 언제 먹어도 어머님의 손맛은 정말 꿀맛이었다. 맛있게 몇 숟갈을 뜨고 있는데 방에 누워 있던 아들이 칭얼대며 내게 다가왔다. 배가 고픈 것도 아닐 텐데 아들은 "책 읽어줘~ 나도 밥 줘~"라며 잠투정 같은 떼를 썼다. 피곤해 지쳐 겨우 먹는 밥한 끼도 마음대로 먹지 못하게 방해하는 아들이 순간 미워 보였다.

밥을 달라는 아들에게 나는 "엄마 밥부터 먹고 밥 차려줄게."라고 딱 잘라 말했다. 그러자 아들은 급기야 "내가 중요해? 엄마가 중요해?"라고 물었다. "엄마가 더 중요해. 엄마가 밥 먹고 힘이 나야 주호 밥도 차려줄 수 있어."

처음으로 아들보다 엄마가 더 중요하다고 내뱉은 말이었다. 나는 언제나 아들에게는 "주호가 이 세상에서 제일 중요해!"라고 말했고, "아빠보다 주호를 더 사랑해!"라고 말했었다. 하지만 당장 내 허기부터 면해야 기분 좋게 아들에게 밥을 차려줄 수 있을 것 같아 결국 내 밥을 다 먹고 아들에게 밥을 차려주었다. 그리고 더 이상 아들에게 미안해 하지도, 죄책감도 갖지 않기로 했다.

아이도 남편도 중요하지만, 엄마인 나도 중요하다는 것을 깨달았기 때문이다. 내가 먼저 힘이 나고 여유가 있어야 가족에게 나눠줄 여유와 에너지가 있다는 것도 이제는 안다. 따끈한 밥 한 그릇 챙겨먹는 시간과 여유, 향긋한 커피 한 잔이 주는 위안이 스스로에게 얼마나 큰 에너지와 행복감을 주는지 엄마가 된 후 더욱 절실히 알게 되었다.

아이를 낳고 쉽지 않은 육아를 버티는 시간은 우리 인생에서 처음으로 무언가를 만들어가고 성장해 가는 순간이다. 몰랐던 내 모습을 보기도 하고, 예기치 못했던 상황과 생각해 보지 않았던 삶의 고민들로 밤잠을 설치기도 한다. 이런 순간을 버티기 위해 책을 통해 나를 먼저 단단하게 해야 한다.

고백하자면, 나 또한 원래부터 책 읽는 것을 즐긴 사람은 아니었다. 되돌아보면 20대 초중반 책을 읽기 시작했다. 학창시절에는 입시에 치여 책을 볼 시간과 여유도 없거니와, 그 당시 오지선다형과 짧은 서술형 문제로 이루어진 입시에 도움되지 않는다는 생각에 아예 읽으려고도 하지 않았다. 책은 그 당시 나에게 불필요한 것이었다.

그 뒤 대학을 다니면서 책을 몇 권씩 읽기 시작했다. 20대 시절 읽은 책 중에 가슴 뛰는 열정을 느끼게 해준 책을 한 권 꼽으라면, 남인숙 작가의 『여자의 모든 인생은 20대에 결정된다』이다. 앞으로 멋진 커리어우먼이 되기 위해 어떤 마인드를 가지고 어떻게 사회생활에 임해야 할지 이 책을 통해 알아갔다. 후배들에게 이 책을 선물로 주며 꼭 읽어보라고 추천하기도 했다. 남아메리카로 배낭여행을 가기 전에는 『지리 교사들, 남미와 만나다』라는 여행 관련 책을 자연스레 찾아 읽으며 낯선 땅으로의 여행을 미리 공부했다.

결혼을 하고 아이를 키우면서 누구나 읽는다는 육아서를 읽기 시작했다. 읽을수록 너무 많은 다양한 육아법에 헤매기도 했지만, 육아서를 읽지 않으면 마치 엄마의 의무를 다하지 않는 것만 같아 아이가 잘 때마다 조금씩 읽어 나갔다. 그리고 눈물콧물 빼가며 읽은 『지랄발랄 하은맘의 불량육아』는 육아에 대한 나만의 소신을 좀 더 구체적으로 생각하게 해준 책이었다.

아이에게 필요한 것은 연령별로 사줘야 하는 장난감이나 학습 교구가 아니라 책이라는 것을 하은맘에게 배웠다. 다양하게 오감을 자극하고 상상력과 창의력을 키워준다는 각종 체험도 비싸기만 하며, 사람이 미어터지는 놀이공원도 피곤하기만 할 뿐, 아이에게 필요한 것은 책이 중심이라는 생각을 하게 되었다. 그 책을 계기로 각종 단행본과 중고전집, 페이퍼 북까지 사서 아이에게 읽어주기 시작했다.

이제 아들이 초등학교 입학을 목전에 두고 있어서 자녀교육에 관한 책도 읽곤 있지만, 기본적으로 나는 교육은 엄마 본인이 가진 소신이 제일 중요하다고 생각한다. 자신만의 구체적인 생각과 소신이 없으면, 각종 루트를 통해 얻어지는 수많은 정보와 자녀교육서에서 차고 넘치는 다양한 교육철학과 교육법을 만날 때마다 갈대처럼 흔들리기 쉽다.

그 교육법들을 우리 아이에게 적용해서 책에 등장하는 아이처럼 똑같은 효과를 본다는 보장은 없다. '왜 내 아이는 다른 거지?' 싶은 마음에 아이를 다그쳐 봐도 스트레스만 받을 뿐이다. 책 속의 아이와 우리 아이는 다른 존재이고 다른 사람이다. 물론 그 교육법으로 효과를 본 엄마들도 분명 존재하지만, 정작 우리 아이에게 맞지 않는다면 과감히 내려놓을 줄도 알아야 한다.

이제 나는 '교육'에 초점을 두기보다는 아이에게 '책을 읽어준다'는 기본 원칙만 지키는 편이다. 여러 권을 읽고 나면 목도 아프고 읽는 중에 내가 먼저 졸음이 쏟아지기도 하지만, 아이와 교감을 나누기 제일 쉬운 방법이 책 읽어주기이기 때문이다. 아들이라 싸움놀이나 변신놀이를 하며 몸으로 놀아줘야 될 때도 많지만, 책을 읽으면 몸을 움직일 필요가 없다. 책을 읽는 시간 동안은 내 몸도 편하고 아이도 상상의 나래를 펼치는 마법 같은 시간을 맞이할 수 있다.

그리고 동시에 나를 위한 책도 읽는다. 『불량육아』에 이어 『닥치고 군대육아』를 출간한 저자 김선미는 육아는 "내 아이를 양육하는 게 아니라 제대로 양육되어지지 않은 바로 나 자신을 양육해 가는 과정"이라고 밝혔다. 그리고 책 육아의 책은 아이 책이 아니라 바로 엄마가 읽는 책이라고 덧붙였다.

비슷한 또래를 키우는 주위 엄마들에게 고민을 풀어놓는다고 해도 현명한 해결책을 얻기엔 분명 한계가 있다. 무엇이 옳은 정보인지 구분하기 힘들 정도로 난무하는 인터넷 세상에서도 내 입맛에 딱 맞는 정보를 찾기 어려울 수 있다. 그럴 땐 육아를 먼저 거쳐 온 육아선배들이 크고 작은 문제들을 어떻게 해결했고, 어떻게 자신의 감정까지도 추스르고 다잡았는지 육아 관련 책을 읽으면 도움이 될 것이다. 특히 엄마들이 직접 겪은 경험과 노하우를 바탕으로 쓴 육아서를 읽을 때면 공감과 위로, 감동으로 절로 눈물이 흐르기도 한다.

책을 읽지 않는다면 삶에서 어떻게 주인으로 살아야 하는지 제대로 알기 어려울지도 모른다. 어떻게 주체적으로 살아가야 할지 책 속에 등장하는 삶의 스승을 통해 나만의 신념을 만들고 다듬어 나갈 수 있다.

나는 독서량도 사고력도 한참이나 부족한 사람이다. 내 안의 오만과 자만심, 부정과 화, 짜증, 억울함 등등 나열하기도 힘든 여러 감정이 뒤섞여 있는 사람인 것도 안다. 그래서 책을 읽으며 부정을 긍정으로 정화시키고 좋은 기운으로 채워 나가고 싶다. 책을 통해 좋은 에너지를 끌어당기고 선한 영향력을 풍기는 사람이 되고 싶다.

물론 책이 정답이 아닐 수도 있다. 누군가는 혼자만의 여행을 통해, 누군가는 꾸준한 명상을 통해 사고력을 높인다. 또 누군가는 고뇌와 사색을 통해, 그리고 종교에 대한 믿음을 통해 삶의 이치를 깨달으며, 더 나은 방향으로 삶을 이어 나갈 수도 있다. 다만 언제 어디서든 책을 펼치기만 하면 저자의 생각을 나의 이성과 오감을 통해 나만의 생각으로 재탄생할 수 있는 독서야말로 어떤 다른 방법보다 나와 궁합이 잘 맞는다.

나는 여행을 자주 갈 수도 없고, 명상을 통해 사고력을 높일 자신도 없으며, 종교를 갖고 있지도 않다. 고뇌와 사색도 해본 사람이 하는 것이지 바탕이 아직 탄탄하지 않은 내가 한다고 다 되는 것은 아닐 것이다. 일부러 사색의 시간을 갖는다고 해도 늘 생각하던 대로 고민하느라 발전이 더딜 수밖에 없으리라.

나는 아직 여물다 만 열매이다. 속이 꽉 차도록 여물어갈 날들은 눈앞에 펼쳐져 있다. 내 안의 열매가 설익을지, 알차게 익어갈지는 스스로에게 달려 있다. 때에 맞추어 어떻게 물을 빨아들이고 얼마나 많은 햇볕을 쬐는지에 따라 여물기는 결정될 것이다. 그렇기에 현명한 사람들의 지혜가 담긴 책은 더 많이 깨닫고 배우기 위해 필요한 물이고 햇빛이다.

　나보다 먼저 삶의 이치를 깨닫고 그것을 알기 쉽게 풀어서 적어 둔 현인들의 책이야말로 아주 알짜배기 노다지이다. 하루에도 수백 권씩 쏟아지는 많은 책들 사이에서 보석 같은 깨달음과 울림을 마주하는 것은 드넓은 바다 속에서 건져 올린 금반지와 같다. 그래서 책을 통해 더 알고 싶고, 더 많이 느끼고 싶고, 더 깊이 깨닫고 싶다. 삶의 이치를 더욱 탐닉하는 책 읽는 엄마이자, 아내 그리고 '나'이고 싶다.

읽으면서 단단해지는
셀프리딩 만들기

한 노인이 흐뭇한 표정으로 나무를 심고 있었다. 그때 지나가던 나그네가 그 모습을 보고 노인에게 물었다.

"노인장께서는 언제쯤 저 나무의 열매가 열릴 거라고 생각하십니까?"

노인은 "한 60년 정도 걸리겠지요."라고 답했다.

"그런데 노인께서는 그때까지 사실 수 있으시겠습니까?"라고 나그네가 묻자 노인은 이렇게 답했다.

"물론 그때까지 살 수는 없겠지요. 하지만 내가 어릴 때 우리 집 과수원에는 과일이 주렁주렁 열려 있었답니다. 그건 내가 태어나기 훨씬 전에 나의 할아버지께서 우리를 위해 나무를 심어주셨기 때문이지요. 나도 내 할아버지처럼 똑같은 일을 하고 있을 뿐입니다."

『탈무드』에 나오는 이 이야기는 눈앞의 욕심과 이익만 추구하
는 것이 아니라 다른 사람과 먼 미래까지 내다보고 생각할 수 있는
지혜를 가져야 함을 깨닫게 해준다.

책을 읽는다는 것도 이처럼 먼 미래를 내다보고 행동하는 것과
같다. 책은 당장 눈에 보이는 이익이나 성과를 보여주기보다는 좀
더 유예된 삶의 시간에 독서로 다져진 것들을 서서히 보여주는 느
린 '무엇'이다. 내면에 쌓이고 쌓여 넘칠 때가 되면 비로소 조금씩
드러나는 것이 독서의 효용이라고 할 수 있다. 지금 당장이 아니라
조금 더 시간이 지난 다음에, 그 시기 동안 살아낸 삶에 따라, 그리
고 함께 읽은 책에서 얻은 것들로 사람의 내면이 시나브로 변화를
맞이하는, 느림의 결정체가 바로 독서이다.

얼마 전 책장에서 예전에 읽다 만 『행복한 이기주의자』를 꺼내
다시 읽었다. 맨 뒷장에 나와 있는 연도를 보니 2006년. 한창 대학
원 논문과 시험 준비에 정신없었을 때 마음을 다잡고자 샀던 책이
다. 다시 펼쳐보니 새 책처럼 정말 깨끗했다. 『행복한 이기주의자』
가 되기 위해 완벽하지 않은 내 모습을 수정할 수 있는 작은 도움이
라도 찾기 위한 마음으로 읽기 시작했다.

"나의 가치는 다른 사람에 의해 검증될 수 없다. 내가 소중한 이

유는 내가 그렇다고 믿기 때문이다."라는 책 표지에 적힌 구절에 실린 힘을 느끼며 첫 장을 넘겼다. 넘기자마자 보이는 "우주의 모든 이치는 한 치의 오차도 없이 오직 한 사람, 바로 당신에게로 향해 있다."라는 월트 휘트먼의 말 또한 예전과 달리 정말 새롭게 다가옴을 느꼈다.

　우주의 이치라고 하니 평범한 사람은 절대 알기 힘든 과학적이거나 종교적인 개념인 것처럼 보일 수 있다. 하지만 우주라는 대자연 속에 살고 있는 수십억 사람 중에 오직 나 한 사람에게만 오롯이 들어맞는 삶의 원칙과 이치를 스스로 깨달아야 한다는 말인 것을 어렴풋이나마 알 것 같았다. 10여 년 전 무심코 넘겨버렸던 이 말이 이젠 가슴으로 이해되는 순간이었다. 그리고 책에 소개된 〈열 가지 자기사랑 방법〉을 읽은 뒤 이를 삶 속에서 실천하며 더 나은 행복을 느끼는 사람이 되고 싶어졌다.

　예전엔 읽다가 '뭐 이런 재미없는 책이 다 있나' 싶어 덮어버렸지만, 시간이 한참 흐르고 읽으니 참 다르게 다가오는 책이었다. 10여 년이라는 세월이 지나면서 책은 변하지 않았지만 내가 변했기 때문일 것이다. 그 시간 동안 나는 나이만 먹은 것이 아니었다. 그 당시에 이해되지 않았던 내용들이 이제는 이해가 될 정도로 조금 더 성숙했고 경험치도 조금 더 늘어났으리라. 이처럼 예전에 못 다 읽은 책이 때로는 시간을 훌쩍 넘어서 새로운 책으로 다가오기도 한다.

방 한쪽 벽면에 세워놓은 책장을 들여다보면, 읽었지만 기억나지 않는 책도 있고, 읽었는지 안 읽었는지조차 가물거리는 책도 있다. 예전에 구입해서 읽다 말았거나 한 번 휘리릭 읽고 꽂아두었던 책을 다시 넘겨볼 때가 있다.

몇 년 전 읽은 책을 다시 읽다 보면 그땐 보지 못했던 구절이 눈에 들어오기도 하고, 그때와 다른 새로운 깨달음을 느끼기도 한다. 그때의 나보다 지금의 내가 얼마나 더 성장했는지 알아차리기도 한다. 과거의 나도 소중했지만 현재의 나는 얼마나 더 행복한지, 그때의 젊음보다 지금의 성숙이 얼마나 더 멋진 일인지 가슴으로 느끼기도 한다.

세월이 지나면서 한 살씩 늘어나는 나이만큼 우리는 다양한 내면의 변화를 겪는다. 예전의 내가 가진 생각이나 감정과는 다른 배경지식이 몸속에 축적되었기 때문이다. 꺼진 불도 다시 보듯이 읽었던 책도 다시 펼쳐보면 또 다른 감동과 울림이 마음속에 들어오게 된다. 그래서 세월이 흘러 다시 읽은 책이 완전히 다른 세계를 맞이하게 해주는 것인지도 모른다.

"책은 책 스스로의 생명이 있다. 어떤 책이든지 읽는 이에게 생명을 불어넣을 수 있는 정신의 불꽃이 불붙기까지는 그 책은 사물(死物)에 불과하다."라는 말이 있다. 미국의 소설가 헨리 밀러가 한 말로, 전적으로 동감한다. 의욕적이며 늘 깨어 있도록 산소를 불어 넣어 주는 행동이 바로 책을 읽는 것이라고 생각한다. 그래서 예전에 읽다 만 『행복한 이기주의자』는 그저 단순히 책이라는 사물에 지나지 않았지만, 최근에 다시 읽은 후 내게는 본연의 생명력을 스스로 발휘한 책으로 남아 있다.

1946년 뉴욕의 헬스 키친이라는 빈민가에서 태어난 아이가 있었다. 의사의 실수로 왼쪽 눈 아래가 마비되는 바람에 왼쪽 뺨과 입술을 정상적으로 움직일 수가 없게 되었고, 아이는 그로 인해 발음 장애까지 가지게 되었다. 어눌한 말투 때문에 학교에서 왕따를 당하며, 수십 번의 전학을 갔다. 그리고 아홉 살 때는 부모님이 이혼하게 되어 그의 어린 시절은 희망의 빛이라곤 없어 보이는 불행의 연속이었다.

하지만 그에게는 영화배우가 되겠다는 꿈이 있었다. 성인이 된 그가 맡은 배역은 보잘 것 없는 단역뿐이었고, 먹고 살기 위해 영화관 안내인, 경비원, 피자 배달부, 식당 종업원 등 닥치는 대로 일을 하며 생계를 이어 나갔다. 어느덧 서른 살이 된 그는 1975년 3월 전설적인 헤비급 챔피언 무하마드 알리와 무명의 복서 척 웨프너가 벌인 복싱 경기를 보고 뭔가 변해야 한다는 각오를 다지며 각본을 쓰기 시작했다. 완성한 시나리오를 들고 제작자들을 찾아다녔지만 대본을 내밀며 자신을 주연배우로 써 달라는 그의 제안에 대부분의 제작자가 거절했다.

마침내 딱 한 곳에서 제작비를 최소한으로 줄이라는 조건을 달아 제안이 받아들여졌다. 불과 28일 만에 만들어진 영화는 개봉 후 엄청난 반응을 가져왔고, 그해 미국에서만 제작비의 50배가 넘는 수입을 벌어들였다. 전 세계적으로 큰 성공을 거둔 이 영화의 이름은 〈록키〉이고, 이 무명배우는 우리가 잘 알고 있는 실베스터 스텔론이다.

불행한 과거 속에 머물지 않고 꿈을 향해 정진하여 결국 자신이 원하는 것을 손에 쥔 그처럼 책을 읽는 사람은 자신에게 필요한 것을 그 책에서 반드시 찾아내는 힘을 갖고 있다고 한다.

필요한 책을 찾아내는 방법은 잘 몰라도 사람들은 결국 그것을 찾아낸다. 그리고 자기가 읽은 것에서 자기가 필요로 하는 것을 발견한다.

독서치료 전문가인 조지프 골드스타인이 한 말에서 알 수 있듯이, 주위에서 멘토나 따뜻한 조언을 해주는 사람을 찾기 어려울 때는 책을 펼쳐보라! 얼마든지 위로받을 수 있고, 조언을 구할 수도 있다. 힘들게 펼친 책이든, 심심풀이로 펼친 책이든, 방법과 정보를 얻기 위해 혹은 식은 열정에 불꽃을 붙이기 위해 펼친 책이든, 우리는 책에서 필요한 것을 반드시 얻을 수 있다. 또한 여물지 않았던 나의 생각과 믿음이 책을 읽음으로써 더욱 견고하게 뿌리를 내리고 좋은 행동으로 구현되도록 도움을 받기도 한다. 스스로 읽고 행동으로 옮기는 과정을 통해 깊고 단단해지는 사고와 실행력을 갖추게 된다.

예전에 읽다가 덮어두었던 『행복한 이기주의자』가 수많은 독서의 시간을 가진 후 내게 또 다른 깨달음을 주었듯이, 책이란 당신이 어떤 마음을 가지느냐에 따라 여러 의미를 지닌다. 책을 읽지 못하는 핑계와 수많은 합리화, 그리고 수백 가지 이유가 있을지라도 책을 읽어야 하는 단 한두 개의 이유만으로도 책을 읽을 가치는 충분하다.

무명배우였던 실베스터 스탤론이 자신이 쓴 시나리오가 퇴짜를 맞더라도 끝까지 포기하지 않았던 것처럼, 자신만의 답을 찾기 위해 우리는 오늘도, 내일도 꿋꿋이 책을 읽어야 한다.

잠시 잊고 있었던
참을 수 없는 두근거림

지난해 직장을 다니던 나의 여름은 아주 뜨거웠다. 내가 살고 있는 지역의 평생교육원에서 〈성공적인 커뮤니케이션과 스피치 전문가 과정〉을 두 달 동안 참여하여 수료하였기 때문이다.

출근하는 엄마에게는 아이와 함께하는 시간이 아침에 한 시간 남짓인데, 이마저도 아이가 늦잠을 자면 줄어들기 마련이다. 그나마 저녁에는 두세 시간 정도지만, 퇴근이 늦어지거나 집안일을 이것저것 하다 보면 제대로 아이와 마주하는 시간은 실제로 더 적어진다. 그래서 퇴근 후 아이와의 시간을 제쳐두고 자기계발을 위해 무언가를 배운다는 생각은 감히 꿈꾸지 못했다.

요즘은 약간의 수업료만 내면 다양한 배울 거리가 넘쳐난다. 인문학강의부터 문화센터강좌, 평생교육원까지, 찾아보면 듣고 싶고 배우고 싶은 것이 한두 개가 아니다. 하지만 선뜻 신청하지 못하고 고민만 하다가 흘려보내곤 했다. 그런 내 모습이 싫어서 당장 일을 그만두고 문화센터를 다니며 카페에서 브런치를 먹고 백화점도 들락거리고 싶은 마음이 불쑥불쑥 일었다.

실제 그렇게 지내는 엄마들이 참 부럽기도 했다. 그러나 다시 곰곰이 생각해 보면, 막상 일을 하지 않았을 때도 그렇게 살지는 못했다. 그런 생활 자체가 비용과 시간이 드는 것이고, 주위에 같이 다닐 여유로운 전업맘이 한두 명은 필요하며, 그 전업맘들과 뜻이 맞아서 스스럼없이 지내야 유지되는 것이다. 현실적으로 같이 다닐 전업맘이 없더라도, 문화센터강좌 하나 정도 들을 여유가 없는 것이 아닌데도 나는 온갖 이유를 대며 주저했었다.

그러다가 지난여름, 드디어 평생교육원 강좌 하나를 신청했다. 〈성공적인 스피치와 커뮤니케이션 전문가 과정〉으로 강좌 제목부터 그럴 듯했다. 전부터 듣고 싶은 강좌를 수시로 검색하고 고민해 보았기 때문에 일주일 한 번이니 지각을 하더라도 어떻게든 듣게 되겠지 싶은 마음으로 일단 신청했다. '어떻게 하면 말을 조리 있게 잘 전달하고 떨지 않고 말할 수 있을까?'라는 단순한 호기심과 스피치 강의에 대한 궁금증으로 수업을 듣기 시작했다.

2주가 지나자 신청하길 정말 잘했다는 생각이 들었다. 수업이 있는 날이면 남편은 최대한 일찍 퇴근을 하고 내가 수업을 마치고 오는 시간인 9시까지 아이랑 같이 놀아주었다. 심지어 재우기까지 해서 참 고마운 날도 있었다. 이가 없으면 잇몸으로 산다고, 일주일에 하루 정도는 엄마가 없어도 잘 지내는구나 싶었다. 아이는 어쩌면 평소에 함께하지 못하는 아빠와의 둘만의 시간을 즐기는 것 같기도 했다.

2개월간 매주 목요일 저녁에 있었던 수업 마지막 날, 수료증을 받고 수강생 모두 수업 소감에 대해 짧게 말하는 시간을 가졌다. 모두들 그간 들은 수업의 영향인지 떨지 않고 자신들의 생각을 차분하고 조리 있게 전달했다. 처음과 비교하면 다들 상당히 발전한 모습이어서 보고 있는 나도 놀라움을 느꼈다.

대부분 이 수업으로 인해 말할 때의 태도와 화법의 측면에서 자신의 변화를 조금씩 경험하게 되어 놀라웠고, 앞으로도 말의 중요성을 느끼며 배운 화법들을 적용해 보겠다고 전했다. 짧은 기간 동안의 수업이었지만, 평소 자신의 대화 습관과 말에 대해 돌이켜보고 자신들의 태도에 변화를 느낀 것이 꽤 인상적이었다. 같은 수업을 들어도 각자 느낀 점이 다르기 때문에 여러 사람들의 다양한 생각과 소감을 듣는 것도 참 신선했다.

그 짧은 8주 과정을 통해 정말 스피치 전문가가 되기엔 무리가 있지만, 주 1회의 2시간 수업은 나만의 시간을 내가 원하는 배움에 투자할 수 있는 행복과 기쁨을 온전히 느끼게 해준 중요한 시간이었다. 일주일에 딱 하루의 저녁시간이지만 이렇게 나만의 성장을 위해 투자해 볼 가치가 충분히 있고, 이 강좌가 끝나도 일주일에 한 번은 앞으로도 배우고 싶은 수업을 들을 만하다고 생각하게 되었다. 처음에는 일주일에 단 2시간이 내 삶에 어떤 변화를 줄 거라고 딱히 기대한 건 아니었는데, 이 시간들이 쌓여서 결국 나에게 긍정적인 영향을 주었고 의미 있는 경험으로 남아 있다.

작년에 직장에 적응을 하고 조금 숨 돌릴 틈이 생기니 나의 무료하고 지루한 일상과 나 스스로에 대해 자연스레 돌아보게 되었다. 그때마다 집과 직장을 반복하는 쳇바퀴 속에서 내가 얻을 수 있는 것은 과연 무엇일까? 지금 아이와의 놀이나 교육에 너무 소홀하지 않은가? 앞으로 맞이할 40대를 어떻게 보내야 할까? 10년 후 나는 어디서 어떤 모습으로 있게 될까? 등등 답을 구해야 하지만 결코 쉽지 않은 고민들로 머릿속이 복잡해지곤 했었다.

물론 고민한다고 뾰족한 방법이 바로 나타나는 것도 아니었다. 어제가 오늘 같고 오늘이 내일 같은 무기력한 일상에 변화를 주고 싶은 생각이 간절할 뿐이었다. 결혼 후 아이를 키우며 삶의 방향도 상실한 채 하고 싶은 것이나 노력해서 이루어내고 싶은 꿈도 더 이상 없었다. 그런 일상에 변화를 주고 싶다는 욕구가 내 안에서 요동치고 있었다.

하루에도 몇 번이나 급변하는 롤러코스터 같은 마음은, 그 상황에서 바로 할 수 있는 것부터 하나씩 실천해 나가기로 결심하게 만들었다. 일단 스마트폰으로 할 일 없이 검색하던 손가락을 멈추고 책을 다시 읽기 시작했다. 아이가 잠들고 남편이 퇴근했을 때는 무조건 집 근처 공원에 가서 산책도 했다. 그리고 큰 결심을 하고 블로그도 시작했다.

가장 큰 영향을 준 것은 스피치 수업으로, 막연하게나마 다시 꿈을 키우는 기반이 되었다. 내게는 변화의 물꼬를 터준 선물 같은 시간이었다. 이 시간을 통해 앞으로 하고 싶은 것에 대해 좀 더 구체적으로 고민해 볼 수 있었고, 새로운 것을 시작할 힘도 얻었다. 가족이나 직장이 아닌, 오롯이 나를 위한 시간을 아낌없이 보내며 스스로 한 발 내딛어 보았기에 이 책을 쓸 용기도 낼 수 있었다. 어쩌면 내가 글을 쓸 수 있었던 것도 겉으로는 글쓰기와 아무 관련이 없어 보이는 스피치 과정 덕분이라고 감히 말할 수 있겠다.

꿈이 없는 사람이 책을 읽으면 꿈을 가지게 될 것입니다. 꿈을 가진 사람이 책을 읽으면 어떻게 그것을 가꾸어갈 것인지를 알게 될 것입니다. 꿈을 가진 사람이 지쳤을 때 책을 읽으면 죽어가던 꿈에 대한 열정이 살아나고 삶의 의미를 되살릴 수 있을 것입니다.

우리는 우리가 필요로 하는 것을 책에서 발견할 수 있는 힘이 있기 때문입니다.

위 내용은 『책을 읽어야 하는 10가지 이유』라는 책에 나오는 구절이다. 우리는 책에서든, 주위 사람과의 대화 속에서든, 일상에서 스스로 필요로 하는 것을 발견할 수 있는 힘을 이미 가지고 있다. 이때 발견만 하고 끝나는 것이 아니라 실제 행동으로 옮겨서 해보길 권한다. 시작이 무엇이라도 괜찮다. 주 1회 2시간의 수업이 나에게 책을 쓸 수 있게 해준 마중물이 된 것처럼, 무엇이든 할까 말까 고민이 된다면 일단 시작해 보는 것이 정말 중요하다. 머릿속의 생각으로만 그치면 아무것도 남지 않는다.

'배울 겨를이 없다고 말하는 자는 겨를이 있어도 배우지 않는다'고 괴테가 말했다. 아이를 키우는 육아맘이든 바쁜 워킹맘이든 모두 자신을 위해 무언가를 할 시간이 없다고 말한다. 하지만 뜻하지 않게 갑자기 주어지는 시간에 무엇을 해야 할지 막막했던 경험도 있을 것이다. 내가 좋아하고 원하던 것을 하기 위해서는 일주일에 한 번 정도는 남편에게 혹은 양가 어른들께 아이를 맡겨도 괜찮다고 생각한다. 일주일에 한두 번의 저녁시간을 본인을 위해 쓴다고 해서 아이에게 큰일날 일은 절대 일어나지 않는다.

이제 이 책을 읽는 누구라도 자신이 좋아하는 것을 배우고, 본인에게 투자하는 시간 동안 잠시 잊고 있었던 두근거림을 느껴봤으면 좋겠다. 그 두근거림이 일상을 살아갈 에너지를 주고, 그 에너지가 다시 두근거리는 또 다른 일상으로 이어질 수 있음을 깨닫게 될 것이다. 육아를 하느라 지친 엄마들에게도, 직장생활과 육아를 병행하는 워킹맘에게도 자기계발의 시간은 사치가 아니라 꼭 필요한 '그 무엇'이라는 것을 잊지 말자. 그리고 결국 독서가 잠시 잊고 있었던 당신의 가치와 재능을 끌어줄 마중물의 역할을 해준다는 것 또한 잊지 말자.

3장

책 읽기가 전부다
책 한 권으로 두 마리 토끼를 잡는 '리딩맘프' 노하우

하루 24시간 중 자신을 위한 독서시간을 선택하는 것은,
스스로를 존중하고 사랑하는 마음을 갖기 위한 첫걸음이다.

책을 읽어주며 아이에게 집중하는 시간은
아이와의 유대관계를 굳히고, 아이의 자존감 형성에도 꼭 필요하다.
나만의 책읽기 시간과 아이에게 집중할 시간을 갖는 것,
그것이 바로 아이와 함께 행복한 엄마가 되는 지름길이다.

아까워할 시간도 아깝다!
시간을 벌어라

몇 번의 고시에 실패를 하고 스물아홉 살에 취업을 한 직장인이
있었다. 그는 입사 후에도 고시에 미련을 못 버리고 몇 번 더 매달
리며 허송세월을 보냈다. 그러기를 몇 년 뒤, 퇴근 후 집에 오면 TV
를 보다 잠이 들었고 아침이면 허둥지둥 일어나 출근하기 바쁜 직
장인으로 살았다. 그런데 몇 년 전 출근길에 그는 단 30분 동안 영
어공부를 시작하면서 아주 적은 시간이라도 제대로 사용하면 이루
고자 하는 것을 실현할 수 있음을 깨달았다.

그 깨달음을 계기로 출퇴근길, 점심시간, 퇴근 후 저녁시간, 이
동시간 중 알게 모르게 낭비하고 있는 시간을 '발견'하고, 목표에 맞
게 적절히 '배분'하여 빠르게 '사용'하는 3단계를 통해 자신의 인생

을 바꾸는데 성공했다. 그는 버려지는 시간을 '나와 가족 그리고 미래'라는 목표를 위해 삶을 재편하여 원하던 많은 일을 해냈다. 논문 자격을 얻기 위한 영어시험과 대학원 과정 등 학업에 관한 것부터 업무 능력 향상, 독서와 원고 집필, 강연, 야구 관람, 명상에 이르기까지 이 모든 것들이 그가 자투리 시간을 활용해 이룬 것들이다. 바로 『하루 30분의 힘』의 저자 김범준의 이야기이다.

> 퇴근 후 저녁시간을 그저 흘러가는 시간으로 착각하는 사람이 많다. 가치가 있고 없고 자체를 생각하지 못한다. 그래서 그저 TV를 보면서 낭비해 버린다. 사실 그 시간은 우리가 학교나 직장에서 본분을 다하기 위해 존재하는 휴식이자 충전의 시간이라는 것을 사람들은 간과한다. 그 시간은 일하는 시간과 절대 가치가 다르지 않은데 말이다. 만약 당신이 200만 원의 월급을 받는다면 시간당 가치를 다음처럼 생각해도 좋다.
>
> 200만 원 ÷ 20일 ÷ 8시간 = 12,500원

저자는 연봉을 기준으로 자신의 시간 가치를 계산해 보고, 길거리에 돈을 버리듯 시간이 버려진다는 것을 깨달았다고 밝혔다.

이 대목을 읽고 예전보다 2시간 일찍 일어나는 아침시간의 가치를 돈으로 셈해 보았다. 하루 2시간이 일주일 모이면 14시간, 30일이면 60시간이 된다. 이 시간이 모이면 1년에 720시간이라는 어

마어마한 시간이 쌓인다. 이 시간을 저자의 계산대로 환산해 보았다. 1시간을 12,500원으로 잡고 2시간 일찍 일어나는 기상시간을 1년 모은 720시간으로 곱해 보니 무려 900만 원이라는 예상치 못한 금액이 나왔다. 실제 현금으로 버는 것은 아니지만 시간 가치를 돈으로 환산한 금액, 900만 원이라는 큰돈을 1년에 더 벌고 있다고 생각하니 정말 놀라웠다.

또한 이 720시간을 24시간의 하루로 나눠보니 딱 30일, 한 달이라는 시간이 통째로 더 생긴다는 것도 알았다. 매일 2시간 일찍 일어나기로 선택하고 행동으로 옮기면, 한 달이라는 시간을 선물로 받게 되는 것이다. 즉 365일이 아니라 30일이 더해진 395일을 살고 있는 셈이 된다.

당신의 일상에서도 시간을 통해 돈을 벌게 된다고 생각해 보면 어떨까? 그럼 절대 허투루 시간을 흘려보내지 않을 것이다. 이제 눈을 크게 뜨고 1년에 900만 원을 더 벌어다주는 하루 2시간을 찾아보자. 아무리 눈 씻고 찾아봐도 하루 중 2시간을 의미 있는 시간으로 만드는 것은 무리라는 생각이 든다면 1시간, 아니 단 30분이라도 찾아보자.

도저히 남는 시간이 보이지 않는다면 자신이 하는 일을 시간대별로 작성해 보는 것이 도움이 된다. 단 3일만 날을 잡아서 오전과 오후 시간에 무엇을 하며 보내는지 구체적으로 적어보면, 자신이 시간을 어떻게 쓰고 있고, 그중에 얼마나 많은 시간을 무의미하게 보내고 있는지 실감하게 될 것이다.

하루 24시간 중 낭비되는 시간은 의외로 곳곳에 숨어 있다. 집안일과 육아는 제쳐두고라도 시도 때도 없이 주고받는 SNS 메시지와 한번 시작하면 20~30분은 거뜬히 넘어가는 전화통화, 켜기만 해도 쏟아지는 드라마 재방송에 정신이 팔려 있는 사이 금쪽같은 시간은 지나간다. 하루 종일 손에서 놓지 못하는 스마트폰으로 게임을 하고, 잠깐 검색하는 동안 어떤 정보를 찾으려고 했는지 잊은 채 귀신에 홀린 듯 연예기사를 클릭해서 보기도 한다. 아침에 눈 뜨자마자 TV를 보고 저녁식사 후에도 TV 시청은 이어진다. 대중교통을 타고 이동하는 시간도 별 도움 되지 않는 시시콜콜한 메시지나 영상에 빠져 있기 일쑤다.

이 모든 시간들을 모으면 하루에 30분 아니 1시간도 충분히 만들 수 있다. 그렇다면 나도 모르는 사이 내 시간을 야금야금 잡아먹고 있는 스마트폰과 TV와 같은 매체를 멀리하는 것이 시간을 벌 수 있는 방법이다. 이제 스마트폰과 TV에게 잠시 작별의 인사를 나눈다면, 엄마들이 하루에 단 30분이라도 책 읽을 시간을 내기란 불가능하지 않다는 결론에 도달한다.

특히 직장을 다니는 엄마들이라면 점심시간은 마음만 먹으면 얼마든지 활용할 수 있는 알짜배기 시간이다. 점심을 간단히 먹고 근처에 서점이 있다면 서점나들이를 다녀오거나, 가까운 도서관에서 책을 대출해 올 수도 있다. 아예 일터 근처의 조용한 카페에서 점심을 해결하면서 책 읽는 시간을 가질 수도 있다.

나 또한 정신없이 업무를 하다가 잠깐의 충전을 위해 무엇을 하는지 스스로 점검해 본 적이 있다. 보통은 인터넷 서핑을 하거나 온라인 쇼핑몰을 들락거리며 스마트폰을 들여다본다는 것을 깨달았다. 하지만 어느 날 우연히 가벼운 소설책이나 에세이를 읽으며 의외의 휴식을 취할 수도 있음을 알았다. 나도 모르게 책에 빠져 꽤 많은 페이지를 읽기도 했다. 그때부터 근무 중에라도 한가할 때면 언제라도 책을 읽는 습관을 가졌다.

집에서도 책 읽을 시간을 벌 수 있는 작은 틈새를 찾아보기로 했다. 그리고 이내 아들이 TV로 만화를 보거나 혼자 노는 것에 빠져 있는 시간이 보였다. 그 짧은 시간에도 잠시 책을 펼치면 서너 페이지는 충분히 읽을 수 있었다. 이동 중 예기치 못한 시간에 읽으려고 가방 속에 항상 책을 넣고 다니기도 했다. 그렇게 틈틈이 책을 펼치니 어느 정도 책을 읽을 시간이 만들어졌다.

아침 5시에 일어나는 것이 습관으로 잡힌 지 여러 달이 지났다. 이른 시간에 일어나는 이유는 아침 5시에 일어나지 않으면 혼자 무언가를 할 시간이 없어서이다. 많은 워킹맘들이 그러하듯 나 또한 퇴근 후 집에서 아이와 잠시 시간을 보내다 보면 책에 집중할 시간을 내기란 솔직히 쉽지 않았다. 그래서 정신없는 워킹맘 생활 중에도 책을 읽기 위해 내가 선택한 것은 바로 일찍 일어나서 얻은 아침시간이었다. 도저히 아침시간 외에는 무언가 진득이 할 수 있는 시간이 나지 않으니 어쩔 수 없는 선택이기도 했다.

5시에 일어난다고 인생이 하루아침에 바뀌는 것도 아니고, 무슨 기적 같은 일이 생기는 것도 아니며, 누구나 다 성공하는 것도 아니다. 그저 내가 읽고 싶은 책을 읽을 시간을 만들기 위해 스스로 결정한 시간이었다.

아침에 일찍 깨려면 밤에는 조금 일찍 잠자리에 들어야 하는 것은 당연한 습관이다. 평소보다 한 시간이라도 더 늦게 자면, 다음날 아침엔 어김없이 그 시간만큼 늦게 일어나기 마련이다. 혹은 평소 기상시간대로 일어났더라도 하루 종일 컨디션이 안 좋을 수 있다. 그래서 보통 10시쯤이면 잠자리에 들고 아침 5시에 일어난다. 7시간 정도는 수면시간을 갖는 편이다. 규칙적인 아침 기상으로 저녁에 퇴근 후 씻고 나면 몸이 노곤해지고 아들과 노닥거리다 보면 눈꺼풀이 저절로 감길 때도 많다.

매일 아침 2시간 동안 TV를 보거나 집 정리와 같은 일을 하면 특별할 것 없는 시간이 되어버릴 것이다. 그러나 그 시간 동안 책을 읽고 글을 쓰면 나의 내면을 갈고닦을 수 있는 의미 있는 시간이 된다. 그래서 독서와 글쓰기는 나의 성장을 한껏 도와주는 추진기와 같다.

그 시간에 일어나 보니 그 시간을 누리고 있는 블로그 이웃들, 특히 일하는 엄마들이 생각보다 많다. 그들도 모두 자신들이 필요로 하고 원하는 시간을 만들기 위해 아침 기상시간을 선택한 것이다. 어느 시간에 잠들고 깰지 모두가 스스로 선택할 뿐이다.

일하는 엄마든 일하지 않는 엄마든, 집안일 다 하고 보고 싶은 드라마까지 챙겨 보면서 여유롭게 책 읽을 시간을 내기란 어려운 일이다. 이제 난 TV도 보지 않고 인터넷 쇼핑몰도 더 이상 들어가지 않는다. 처음엔 책을 읽기 위한 처방이었지만, 이젠 책을 읽다 보니 드라마 볼 시간도, 쇼핑할 시간도 없어졌다.

누군가 드라마 얘기를 할 때 동참할 수 없다는 것쯤은 미리 각오하고 있다. 드라마도 안 보고 무슨 재미로 사냐고 핀잔을 듣더라도 상처받지 않을 용기와, 철마다 새 옷과 새 신발 살 시간은 없어도 마음의 양식인 책 사는 것에는 인색하지 않을 대범함도 자연스레 터득하고 있다.

발명왕 에디슨은 변명 중에서 가장 어리석고 못난 변명이 '시간이 없어서'라는 말이라고 했다. 손가락 사이로 빠지는 모래알처럼 흘러가고 있는 시간들을 부여잡고 싶다면, 우선 버려지고 있는 시간을 알아차리기만 해도 반은 성공이다. 무심코 지나가는 모든 시간을 처음부터 다 주워 담기는 어려울지 모른다. 그렇다면 그중에 단 1시간, 그것도 힘들다면 단 30분만이라도 잡아보자. 스마트폰만 잠시 내려놓아도 30분은 쉽게 벌 수 있다. 지금까지 무심코 흘려버린 시간을 아까워할 시간도 아깝다. 이제 나만의 시간을 모아 책을 읽자. 인식하지도 못하고 버려졌던 30분이 읽으면 아주 쓸모 있는 시간으로 바뀌는, 신기한 경험이 시작될 것이다.

오늘도 자존감 높이는
출근 전 1시간, 퇴근 후 30분의 마법

한 궁수가 두 제자와 함께 숲으로 갔다. 두 제자는 멀리 있는 과녁을 향해 화살을 쏠 준비를 했다. 활의 시위를 당기기 전 스승이 그들에게 무엇을 보았는지 물었다. 첫 번째 제자는 말했다.

"하늘과 구름이 위로 보이고 밑에 들판과 풀밭이 보입니다. 밤나무, 소나무, 단풍나무가 있고 나뭇가지도 보입니다. 과녁의 테두리 원도 보이고 또…"

스승은 그의 말을 중단시키고 아직 준비가 되지 않았으니 활을 내려놓으라고 말했다. 두 번째 제자에게도 똑같이 무엇이 보이는지 물었다.

"과녁 중앙에 있는 점밖에 보이지 않습니다."

스승은 그에게 화살을 쏘라고 했고 화살은 과녁의 정중앙에 바로 꽂혔다.

이 두 제자의 대답에서 알 수 있는 것은 바로 심리 상태의 차이다. 무엇에 포커스를 두느냐에 따라 집중할 대상이 달라진다. 어디에 우선순위를 둘 것인지 고민해 보고 결정해야 스스로 흔들림이 없을 것이다.

복잡한 현대사회에서는 해야 할 일과 하고 싶은 일 중에서 우선순위를 정하고, 시간을 조정하고 적절히 배분하여 맡은 일을 해나가는 '선택과 집중'이 무엇보다 필요하다. 나 또한 일하는 엄마로 살아가는 동안 두 가지 목표를 마음속에 새겼다. 하루 24시간 중 나만의 시간을 선택하고 매일 30분 동안 아이에게 집중할 시간을 갖는 것. 이 두 가지 모두 할 수 있는 시간을 나누어 균형을 잡아야 했다. 할 일과 하고 싶은 일의 조화를 이룰 수 있도록 먼저 출근 전 아침 1시간은 오롯이 나를 위해 책 읽는 시간을 가지고, 퇴근 후 30분은 아들과 함께 살 부비며 부대끼는 시간을 병행하면서 두 마리 토끼를 다 잡기로 마음먹었다.

우선 퇴근 후 아들과 함께할 시간은 많지 않았다. 그나마 피곤하지 않고 체력이 받쳐준다면 몸으로 양껏 놀아줄 수 있지만 보통은 책을 읽어주곤 했다. 또는 그림 그리는 아들 옆에 앉아 그림에 갖다 붙이는 이야기를 그저 들어주며 감탄사와 같은 추임새를 넣어주는 정도로 시간을 보낼 때도 많았다.

아이는 유치원에서 규칙을 지키고 배려와 양보를 배우며 작은 사회생활을 하느라 긴장 속에서 하루를 보냈을 것이다. 저녁이 되어야 안길 수 있는 포근한 엄마 품을 기다렸을 아이에게 엄마는 품을 열어 보듬어주고 이야기를 나누며 그 시간을 만끽하면 된다. 그저 아이와 눈 맞추고, 몇 가지 질문만 던져도 이어지는 아이의 말에 귀 기울이기만 해도 아이는 엄마와의 애착관계를 충분히 가질 수 있다.

책을 읽어달라고 하면 읽어주고, 그림을 그리자고 하면 옆에서 같이 그리면 된다. 대단한 것이 필요한 것이 아니다. 아이가 진짜 원하는 것은 사랑을 담아 보내는 엄마의 눈빛과 따뜻한 품이다. 아이에게 하나의 세상과 같은 엄마가 자신의 마음을 헤아리고 있고, 무엇보다 자신을 사랑하고 있다고 느끼도록 해주면 그것으로 충분하다.

블로그를 처음 시작했을 때, 아침 6시에 일어나서 상쾌한 아침을 맞이하자는 글을 남겼었다. 어느덧 5시면 잠에서 깨어나서 나만의 고요한 아침을 보내고 있다. 불과 작년 봄만 해도 7시에 겨우 눈을 떠서 부리나케 출근 준비를 했지만, 이젠 아침시간 동안 책을 읽고 글을 쓰며 귀하고 소중한 시간을 보내고 있다.

아침에 일어나면 잠을 깨울 요량으로 블로그를 열어 댓글을 확인하고, 답을 달거나 이웃들 글을 읽으며 약간의 시간을 보낸다. 나머지 시간 동안 책도 읽고 글을 쓰다 보면 아침시간은 정말 빨리 지나간다. 쏟아지는 아침잠을 커피 한 잔으로 걷어내고 책을 읽으면, 하루를 서두르지 않고 여유롭게 시작했다는 뿌듯함이 느껴진다. 스스로 아침시간을 관리한다는 작은 성취감에 자존감도 쑥 올라간다.

새벽은 새벽에 눈뜬 자만이 볼 수 있다고 한다. 아들이 유치원을 다닐 때가 되자 아침에 일찍 일어나는 것이 내가 선택할 수 있는 영역으로 들어왔다. 나는 그 시간을 선택했고, 이렇게 글을 쓰며 나 혼자만의 생각을 정리하고 이웃들과 공유하는 시간으로 보낸다. 고요한 새벽이 주는 차분함은 무엇이든 흡수할 수 있는 분위기가 형성되어 있다. 예전 같았으면 느끼기 힘들었을 새벽만이 주는 에너지를 온몸으로 받아들이며 어두운 새벽에서 점점 밝아오는 아침도 오롯이 느끼고 있다. 아무도 방해하지 않는 이른 아침, 나에게 집중하는 시간을 어느새 즐기고 있다.

하지만 아침 5시 기상이 누구에게나 정답은 아니다. 특히 아직 갓난아기를 돌보는 엄마들이나 어린이집을 다니는 어린 아이를 키우는 젊은 엄마들에게는 일찍 일어나는 것이 거의 불가능할지도 모른다. 돌도 안 지난 아기는 밤낮없이 깨고 우는 데다 기저귀를 갈아주는 등 엄마 손으로 해주어야 하는 것들이 많다. 그야말로 눈코 뜰 새 없이 밤낮을 보내는 엄마들은 눈뜨고 눈감는 시간이 대중없다.

그 시절 그때의 시간은 평범한 시간 개념을 벗어난다.

그래서 아이를 키우는 엄마들에게 오로지 자신만을 돌아보고 자신과 대화를 나눌 시간을 갖는 것은 더욱 절실한지 모른다. 그 시간이 하루 중 이른 새벽이거나 모두 잠들고 난 밤시간일 수도 있다. 혹은 남편과 아이 모두 직장과 유치원 또는 학교로 간 오전시간일 수도 있다. 하루 중 어느 시간이든 엄마가 하고 싶은 것을 누릴 시간을 스스로 정해야 한다.

미국의 대학교에서 실시한 재미있는 실험이 있다. 아이들 앞에 가까운 거리와 먼 거리에 목표물을 두고 공을 던져 맞히게 한 실험으로, 먼 곳의 목표물을 맞히면 더 높은 점수를 받게 된다. 공을 던지기 전 아이들에게 목표물을 스스로 선택하고 얻고 싶은 점수는 몇 점인지, 실제로 몇 점이나 받을 것 같은지 물어보았다. 실험 결과 먼 거리의 목표물을 택하고 높은 점수를 받을 것이라고 말한 아이들은 실제로 모두 목표 이상의 점수를 받았지만, 낮은 점수를 받을 것이라고 말한 아이들은 목표보다 더 낮은 점수를 얻었다.

심리학자 스탠리 쿠퍼스미스가 진행한 이 실험을 통해 자존감이 높은 아이는 어떤 과제가 주어지더라도 잘할 수 있고 성공할 수 있다고 자신을 믿으며, 어려워 보이는 과제에 끈기를 가지고 해결하려는 모습을 보인다는 것을 알 수 있다. 반면 자존감이 낮은 아이는 실패가 두려운 나머지 힘들어 보이는 과제를 피하려 든다.

자존감은 자신을 존중하고 사랑하는 마음을 일컫는 말로, 행복한 삶을 위해 꼭 필요하다. 학자들마다 조금씩 다르게 정의하지만, 자존감은 스스로를 가치 있는 존재로 인식하고, 인생의 역경을 이겨낼 수 있는 자신의 능력을 믿으며, 노력 여하에 따라 삶에서 성취를 이뤄낼 수 있다는 일종의 자기 확신을 의미한다.

자존감 높은 아이로 만들고 싶다면 엄마의 자존감부터 먼저 바로 세우라고 육아고수나 심리전문가들은 늘 말한다. 엄마부터 여유를 느껴야 내 아이에게 나눠줄 여유도 생기는 것처럼, 아이의 자존감을 높이는 아주 좋은 방법은 건강한 자존감을 지닌 부모가 모범이 되는 것이다. 문제 행동을 하는 아이 뒤에는 늘 문제 부모가 있듯이 부모가 달라져야 아이도 달라진다. 즉 아이를 낳아 기른다는 의미의 육아(育兒) 이전에 먼저 부모 스스로가 크고 성장해야 하는 '육아(育我)'가 되어야 한다.

이제 본인의 일상을 찬찬히 들여다보자. 집안일과 육아를 책임지는 엄마들 혹은 직장을 다니느라 일분일초를 다투는 워킹맘들 모두 너무 많은 것을 해내느라 몸이 열 개라도 부족하지 않은지, 스스로를 돌아볼 시간은 과연 얼마나 있는지 곰곰이 따져보자. 하루 24시간 중 자신을 위한 독서시간을 선택하는 것은, 스스로를 존중하고 사랑하는 마음을 갖기 위한 첫걸음이다. 또한 책을 읽어주며 아이에게 집중하는 시간은 아이와의 유대관계를 단단히 굳히고, 아이의 자존감 형성에도 꼭 필요하다. 나만의 책읽기 시간을 정하고 아이에게 집중할 시간을 갖는 것, 딱 두 가지만 실천해 보자. 그것이 바로 아이와 함께 행복한 엄마가 되는 지름길이다.

일단 한 줄이라도 읽기 시작하라

EBS 프로듀서 김민태는 어느 날 별 생각 없이 한 정거장 먼저 내려 15분을 걸어 출근했다고 한다. 그 사소한 실천이 출근길에 집에서 지하철역까지 '걷기' 습관으로 이어졌다. 그리고 출퇴근길 지하철 안에서 스마트폰 대신 30분 동안 책읽기를 시작했다. 이 30분 읽기로 그가 2014년에 읽은 책은 66권, 2015년 읽은 책은 100권을 돌파했다.

그는 작은 용기를 내어 고작 한 번 만난 사람들과 나눈 잡담과 대화 속에서 아이디어를 얻어 성과를 냈다. 그리고 아이를 키우며 아이의 성장 과정과 육아일기를 한 줄로 쓰기 시작했고, 지인의 권유에 등 떠밀려 《허핑턴 포스트》에 글을 올리게 되었다. 그 글의 조회 수는 수십만 명이 넘어 출간 제안이 들어왔고, 결국 책을 출간하기에 이른다.

그는 자신의 저서 『나는 고작 한번 해봤을 뿐이다』에서 "좋은 계획이 행동을 이끄는 게 아니라, 작은 행동이 좋은 계획을 이끈다."라는 신념을 밝히며 '한번 하기'의 힘을 강조했다. 만약 한 정거장 먼저 내린 날, 회사까지 걷지 않고 택시를 잡아탔다면 걷기의 상쾌함을 느끼며 출퇴근길 집에서 지하철역까지 걷는 습관으로 이어질 수 있었을까? 만약 지인이 권유해도 《허핑턴 포스트》에 글을 올리지 않았더라면 그는 출간 제안을 받아 책을 쓸 생각을 할 수 있었을까?

그래서 이 모든 '만약에'라는 가정의 점은 기회이자 시작이고, 우연한 행동에서 비롯되며, 어쩌면 운과 동의어일지도 모른다. 그 작은 시작, 그 작은 실천과 행동 그리고 그 작은 경험으로 인한 작은 성공은 미래와 어떤 식으로든 연결된다. 그 무수한 작은 점들이 모이고 연결되어 예측하지 못한 결과로 나에게 돌아올 수 있음을 이 책을 통해 알게 되었다.

이 책을 다 읽고 나서 지금 내가 뿌리고 있는 작은 점들은 무엇이 있을까 생각해 봤다. 지난해에 뿌린 작은 점 중에 하나는 블로그를 시작한 것이다. 어느 날 친한 대학동기와 예전에 나눈 통화 속에서 문득 기억나는 말이 있었다.

"우린 그냥 애 커가는 거 보면서 어느 아파트에 몇 동 몇 호 아줌마, 누구 엄마로 쭉 살게 될 거야."

그땐 서로 그냥 웃어넘기며 흘린 말이었다. 하지만 진짜 몇 동 몇 호 아줌마로 살아가는 나의 40대가 머릿속에 그려지면서 코앞에 마흔이 다가와 있으니 순간 아찔해졌다. 그 모습 그대로 50대를 맞이할 수도 있겠다는 생각에 끔찍한 느낌마저 들었다. 그렇게 어느 아파트단지의 몇 동 몇 호에 사는 누구의 엄마와 아내로만 불리고 내 이름 석 자를 잊은 채 살고 싶지 않았다. 그래서 더욱 뭐라도 하고 싶었다.

뭐라도 하기 위해 다시 책을 읽었고, 블로그에 글을 쓰기 시작했다. 그렇게 시작한 것들이 차츰차츰 지금의 블로그 모습을 갖추게 되었다. 그러다 블로그에 글을 쓰기 시작한 지 3개월 만에 네이버 맘키즈 메인에 나의 글이 노출되어 방문자 수가 폭주한 날도 있었다. 뭐라도 해보니 뭐라도 얻어걸린 것이고, 이것이 어쩌면 지금 글을 쓰는 나의 모습으로까지 연결된 시작점이라고 볼 수도 있다.

살면서 우리는 할까 말까 하는 고민만으로 머릿속이 가득 차 있을 때가 많다. 대개 이런 고민은 고민으로 끝나버리기 일쑤다.

낮에 인터넷 쇼핑몰에서 본 옷이 마음에 들지만 가격 때문에 한참을 고민하다가 비슷한 옷을 저렴하게 파는 다른 쇼핑몰을 이 잡듯이 뒤져보게 된다. 하지만 결국 마음에 드는 옷을 결정하지 못하고, 다음날 또 검색과 가격 비교를 반복하며 한두 시간을 훌쩍 보내 버리고 만다.

집에서 아이하고만 있으니 무료해서 남편에게 두어 시간만 아이를 맡기고 오랜만에 친구를 만나 영화도 보고 커피도 한잔하며 기분전환을 하고 싶을 때가 있다. 하지만 그 영화 한 편이 뭐 그리 대단하다고 밀린 집안일과 육아를 뒤로 하고 혼자 나가느냐라는 생각에 그마저도 주저하게 된다.

출산 후 안 빠지는 살을 빼려고 다이어트를 결심해 보지만 TV에 나오는 먹방에 오늘 시작한 다이어트가 언제 막을 내릴지 초단위 카운트다운을 하게 된다.

이처럼 많은 머뭇거림과 주저 그리고 이어지는 포기 속에서 생각해 볼 것이 하나 있다. 바로 이리저리 재지 말고, 깊게 생각하지 말고, 일단 실행에 옮겨보라는 것이다. 『아무것도 하지 않으면 아무 일도 일어나지 않는다』라는 기시미 이치로의 책 제목처럼, 아무것도 하지 않으면 정말 아무것도 경험하지 못한다. 생각만으로 그치지 말고, 일단 몸을 움직여 행동하다 보면 뭐라도 시작할 수 있다. 뭐라도 해야 뭐라도 얻어걸린다.

스탠퍼드대학교 심리학과 교수이자 사회심리학과 발달심리학 분야에서 세계 최고로 인정받는 석학 캐럴 드웩은 그의 저서 『마인드셋』에서 이렇게 말했다.

'내일 해야지'라고 맹세만 할 경우 대개 쓸모가 없다. 효과를 발휘하는 건 아주 현실적이고 구체적인 계획이다. 시간, 장소, 방법까지 마음속으로 그릴 수 있을 정도로 구체적인 계획들은 실행으로 마무리될 가능성이 아주 높고, 그에 따라서 성공할 확률도 높아진다.

여기서 말한 구체적인 계획은 결국 실행을 위한 사전 단계임을 유념해야 한다. 계획은 실행을 위한 밑바탕이고, 일을 어떻게 더 잘 해나갈지 짜놓는 기초 작업이다. 하지만 계획을 아무리 거창하게 세워도 실행하지 않으면 아무 의미가 없다. 구체적인 목표를 세우고 어떻게 실행해 나갈지 생각만 하다가 오히려 산처럼 너무 거대해 보이는 계획 앞에서 기가 눌려버릴지도 모른다. 그 계획에 압도되어 한 발자국도 나아가지 못할 수 있다.

목표 세우기와 계획 잡기에만 발목이 잡혀서 정작 행동으로 옮기지 못한다면, 그 목표와 계획은 빛 좋은 개살구일 뿐이다. 즉, 목표와 계획도 중요하지만 그보다 더 중요한 것은 '실행'임을 잊지 말아야 한다.

책 읽는 것도 마찬가지다. 새로운 한 해가 시작되면 '독서'를 새해 계획으로 잡는 사람이 많다. 우선 추천 도서를 검색해서 구입하거나 책 읽을 시간과 장소도 정한다. 언제까지 읽을 것인지 기간을 정하고, 다 읽은 후 독서노트를 만들 계획도 다 세웠다.

자, 이제 책을 읽으려고 책상 앞에 앉았는데 도저히 책을 펼칠 수가 없다. 저 많은 추천 도서를 언제 다 읽을지, 독서노트는 또 언제 어떻게 다 작성할지 앞이 캄캄해지고 시작할 엄두가 나지 않는 것이다. 내가 세운 구체적인 계획에 압도되어 정작 읽어야 할 책은 덮어버리게 되는 상황을 맞이한다.

이처럼 아무리 1년에 100권의 책을 읽겠다는 거창한 목표를 세워도 정작 읽어야 할 책을 읽지 않으면 의미가 없다. 책은 한 장이라도 넘겨 읽어야 하고, 첫 장의 한 줄이라도 읽기 시작해야 된다. 머릿속 생각과 계획만으로는 책을 읽을 수 없다. 차라리 아무런 계획 없이 일단 읽기 시작하는 것이 한 권이라도 더 읽을 수 있는 좋은 방법일지도 모른다. '이 책을 한 달 안에 다 읽겠다, 혹은 이번 주 주말까지 다 읽겠다'라는 단순한 계획만 있어도 책 읽는 것에는 아무 문제가 없다.

사람은 무엇을 하지 않는다면 계속 하지 않으려는 관성도 갖고 있지만, 무엇을 시작했다면 계속 하려고 하는 관성도 지니고 있다. 일단 한 장이라도 넘겨 한 줄이라도 읽어보자. 읽다가 머릿속에 들어오지 않더라도 계속 읽어보자. 시작만 했다면 뇌는 자극을 주는 그 일을 계속하려고 에너지를 집중한다.

시동을 켰다면 자동으로 돌아가는 기계처럼 몇 문단은 금방 읽게 된다. 책을 펼치고 한 줄이라도 읽기 시작했다면 이미 눈덩이는 굴려지고 있다. 읽을수록 그 눈덩이는 점점 커질 것이다. 큰 눈사람을 만들 만큼 거대해지기 위해서 얼마간의 에너지와 시간만 들이면 된다. 그 시간 동안 한 챕터를 다 읽게 되고, 또 반복하다 보면 한 권을 다 읽게 되는 순간도 온다.

한 권의 책을 다 읽었다는 성취감과 함께 작은 성공의 경험도 가지게 된다. 책을 펼치는 작은 행동이 결국 강한 동기부여를 만드는 성취감과 자신감을 이끌게 되는 것이다. 이처럼 책을 펼쳤다면 바로 눈덩이를 굴리기 시작한 것이고, 곧 눈사람까지 만들 수 있다는 것을 기억해야 한다.

누구에게나 어떤 새로운 일을 시작한다는 것은 쉽지 않다. 그래도 딱 한 번 정도는 하고 싶은 것을 할 용기를 내볼 만하지 않을까? 처음 한 발만 내딛고 해보면 그 행동에 의문을 가지지 않고 습관으로 자연스레 이어질 수 있다고 한다. 뭐라도 해야 뭐라도 얻고, 뭐라도 연결될 수 있다. 내가 과거에 했던 작은 점들 그리고 지금 뿌리기 시작한 많은 점들이 앞으로 어떻게 연결되어 꼬리에 꼬리를 물게 될지 아무도 모른다. 그래서 우리는 기회가 있을 때 많은 점들을 뿌려야 한다.

그 점 중에 책을 읽는 것 또한 포함된다. 더 빛나는 미래를 위해 바로 지금 이 순간, 책을 펼쳐 한 줄이라도 읽기 시작하자. 앞에 등

장한 김민태 피디가 듣자마자 꽂혔다고 한 말이지만, 나 또한 마음
속에 와 닿아서 따로 적어둔 말이 있다. 2005년 대학 졸업 축사에서
스티브 잡스가 한 말이다.

현재의 순간들은 미래와 어떤 식으로든 연결된다.

결국 거창한 계획보다 실행의 힘이 더 크고, 한 줄이라도 읽으
려고 노력하는 현재가 중요하다.

책을 끝까지 읽지 않을 권리

    1999년 KBS 14기 공채 개그맨으로 데뷔하여 각종 예능프로그램과 라디오 DJ로 활약하고 있는 김영철은 〈2016 멜버른 국제 코미디 페스티벌〉 등에 참가한 소위 '영어 잘하는' 개그맨이다. 얼마 전 '언어 천재'라고 일컫는 미국인 타일러와 『진짜 미국식 영어』를 출간했지만 김영철이 처음부터 영어를 잘한 것은 아니었다고 한다.

    주변의 권유로 우연히 참석하게 된 캐나다의 국제 코미디 페스티벌에서 그는 유머를 전혀 이해 못하는 자신을 발견했다. 그 뒤로 영어를 공부하기 위해 매일 영어학원을 다녔지만 조금도 늘지 않는 실력에 머리를 쥐어뜯곤 했다. 그러던 어느 날, 우연히 보게 된 〈오프라 윈프리 쇼〉에 미국의 유명한 시인이자 소설가인 마야 안젤루가 출연했다. 그녀의 결정적인 한마디에 김영철은 영어공부에 대한 마음가짐도 새롭게 잡고, 그의 인생도 바뀌었다고 한다.

만약 당신이 무언가가 싫다면 바꿔라. 그럴 수 없다면 투덜대지 말고 당신의 태도를 바꿔라.

우리는 싫은 것에 대해 불평불만을 늘어놓기만 할 뿐 그것을 바꿀 묘안에 대해서는 생각하지 못할 때가 있다. 해야 하거나 어려운 일을 할 때 묘안이 떠오르지 않는다면 하기 싫은 일을 대하는 태도와 관점을 바꿀 필요가 있다.

지난겨울 아침 일찍 깨니 유독 바깥공기가 더 차게 느껴진 적이 있었다. 커피포트에 물을 담아 스위치를 켜고 누군가에게 선물로 받은 더치커피를 컵 밑바닥에 조금 부었다. 보글보글 끓은 물을 양껏 담아 쓰지 않은 아메리카노를 식탁 위에 내왔다. 한 모금 두 모금 홀짝이니 온몸이 따뜻해져서 추운 겨울, 아직 캄캄한 새벽이지만 포근한 이불 속에 있는 것 같은 착각마저 들었다. 점심시간이 지나 바쁜 업무로 피곤해지고 졸음이 몰려오는 것 같은 오후쯤 되면 물을 팔팔 끓여 달콤쌉쌀한 믹스커피 한잔으로 정신을 깨우곤 했다.

한 방울씩 천천히 내리는 더치커피와 따뜻한 물만 부어주면 몇

초 만에 완성되는 믹스커피는 맛과 향기뿐 아니라 정성에도 큰 차이가 난다. 하지만 날씨에 따라, 기분에 따라 그리고 그날의 컨디션에 따라 그때그때 마시고 싶은 커피는 다르다. 아침에 잠을 깨울 때는 진한 아메리카노를, 피곤에 지친 오후에는 달콤한 믹스커피를, 또 바쁜 일정에 정신없을 때는 뾰족해진 내 마음을 어루만져줄 부드러운 카푸치노나 카페라떼를… 하루에 커피를 두세 잔씩 꼭 마시는 나는 때에 따라, 그날 일정에 따라 혹은 그때그때 느낌에 따라 다른 커피를 마신다.

책도 그러하다. 그날 기분에 따라, 일정에 따라 읽고 싶은 책이 다를 수 있다. 어제는 따뜻한 위로를 건네는 에세이를 읽었는데, 오늘은 꺼져버린 열정에 기름을 부어줄 자기계발서를 읽을 수도 있다. 내일은 또 흥미진진한 추리소설이 읽고 싶어질지도 모른다. 하루에 한 권의 책을 다 읽을 수 있다면 좋겠지만, 그렇게 시간을 내기란 쉽지 않을 것이다. 하지만 어제 읽고 싶은 책과 오늘 읽고 싶은 책이 다르다면 '어제 못 다 읽은 책은 어떡하지?'란 생각이 들 수 있다. 어제 못 다 읽은 책을 읽고 나서야 다른 책을 읽어야 한다면, 어제 읽던 책으로 인해 오히려 영영 책과 멀어질 수도 있다. 이제 우리는 한 권의 책을 다 읽고 나서 다른 책을 읽어야 한다는 고정관념에서 벗어날 필요가 있다.

프랑스 문학계의 선두주자인 다니엘 페나크는 『소설처럼』에서 책을 끝까지 읽지 않을 권리에 대해 이렇게 알려주었다.

어떤 작품들은 어느 정도 나이가 들 때까지는 읽지 못하는 경우가 있다. 하지만 좋은 술과는 달리, 좋은 책들은 나이를 먹지 않는다. 좋은 책들이 책장에서 우리를 기다리는 동안 나이를 먹는 것은 바로 우리들이다. 그 책들을 읽어도 좋을 만큼 충분히 성숙했다고 여겨질 때 우리는 다시 한 번 새로이 시도를 한다. 결과는 둘 중 하나다. 마침내 책과의 해후가 이루어지는 경우가 그 하나요, 실패를 거듭하는 경우가 또 하나다. 재차 실패했을 경우, 언젠가 다시 시도를 해볼 수도 있고, 거기서 그만 주저앉고 말 수도 있다.

(중략)

위대한 소설이 쉽게 읽혀지지 않는다고 하여 그 소설이 반드시 다른 소설보다 어려운 것은 아니다. 단지 그 책과 – 제아무리 위대한 소설이라 할지라도 – '이해'할 수 있는 지적 소양을 충분히 갖추었다고 자부하는 우리들 사이에 모종의 화학적 반응이 일어나지 않았을 뿐이다.

어려운 내용이거나 읽어도 도저히 이해되지 않는 책이라면 읽다가 중간에 덮을 권리를 우리는 가지고 있다. 저자의 생각에 공감이 가지 않거나 너무 재미가 없다면 그만 읽을 권리도 있는 것이다. 모름지기 책이란 글자 한 자 빼놓지 않고 처음부터 끝까지 다 읽어야 한다고 생각한다면 이번 기회에 달리 생각해 보는 것도 좋겠다. 정해진 책읽기 방법은 어디에도 존재하지 않으니까 말이다.

내 책장에도 어렵기만 하고 재미도 없어서 읽다가 만 책이 여러 권 꽂혀 있다. 가끔 그런 책을 다시 펼쳐 보고 몇 줄 읽어보기도 한다. 여전히 구미가 당기지 않는다면 그대로 덮어버리고, 몇 줄 읽다 보니 흥미가 생겨서 그때부터 다시 읽은 책도 있다. 그중에『행복한 이기주의자』는 10년이 지난 최근에 다시 책장에서 뽑아 새롭게 읽은 책이고,『성난 물소 놓아주기』는 아직도 3분의 1 정도만 읽은 채로 몇 년째 책장에 꽂혀 있다. 언젠가 다시 읽게 될 것이라고 생각하며 때를 기다릴 뿐이다.

어떨 때는 책을 읽다가 또 다른 책이 읽고 싶을 때도 있다. 그런 경우 읽던 책을 과감히 덮고 다른 책을 펼쳐 읽기도 한다. 다 못 읽은 책에게 미안해 하지 말고, 읽고 싶은 책에 집중하면 또 다른 느낌을 받을 수 있기 때문이다. 읽고 싶은 책을 다 읽고 나서 못 다 읽은 책을 다시 펼치면 더 잘 읽힐 때도 있다.

사람이란 원래 갈대가 바람에 흔들리듯 변덕이 심하다. 어떤 날에는 오후만 되어도 오전에 했던 생각과 다르고 잠들기 전 느끼는 감정과 기분도 어제와 다를 때가 있다. 그래서 그날 일정과 느낌에 따라 읽고 싶은 책이 다른 것은 어쩌면 당연하다. 우리는 숙제 검사를 맡기 위해 책을 읽는 것도 아니고, 남에게 보이기 위해 책을 읽는 것도 아니다. 이미 너무도 많은 것을 비교당하고 경쟁하며 살고 있는 우리가 읽는 책의 권수마저 남들과 비교당한다면 너무 각박하지 않은가?

읽고 싶을 때 읽고, 읽다가 재미없거나 읽는 속도가 나지 않으면 잠시 쉬었다가 읽어도 된다. 나만의 속도를 조절하면서 읽어보자. 천천히 읽어도 되고, 단 몇 시간 만에 뚝딱 읽어도 되고, 읽다가 좀 재미없다 싶으면 덮어버려도 상관없다. 다만 책을 한 권 다 읽었는데 머릿속에 단 하나의 메시지도 남아 있지 않다면 그 책은 안 읽은 것과 같다.

그러니 책을 꼭 처음부터 끝까지 다 읽어야 된다고 생각하지 않았으면 좋겠다. 첫 장부터 마지막 장까지 모든 글자를 읽고 모든 내용을 내 머릿속에 담고자 한다면 단 하나도 제대로 담을 수 없다. 책을 읽는 다양한 이유 중 하나는 내가 필요로 하는 내용을 필요로 하는 그 순간에 찾는 것이다. 책 속에서 내가 얻고자 하는 메시지를 충분히 얻었다면, 몇 장 남은 내용은 생략할 수도 있다. 그러니 책을 끝까지 읽지 않았다고 자책하지 말자.

읽기 시작한 책은 무조건 다 읽어야 한다는 고정관념에 매여서 나에게 맞지 않는 책을 손에서 놓지 못하고 있는 것은 아닌지 돌아보자. 그런 부담감이 책 읽는 재미와 즐거움을 갉아먹고 있다면 잠시 책을 내려놓아도 좋다. 이제 한 권의 책을 완독한 뒤 다른 책으로 넘어가야 한다는 고정관념에서 벗어나 이 책 저 책 끌리는 대로 읽어보자. 이런 유연한 생각으로 책을 펼쳐든다면 지금보다 훨씬 더 부담 없이 읽을 수 있다.

〈오프라 윈프리 쇼〉에서 들은 말을 계기로 김영철이 영어공부에 대한 새로운 태도를 갖고 영어에 더 매진할 수 있었던 것처럼, 오늘 당신이 새롭게 접하게 된 '책을 끝까지 읽지 않을 권리'를 행사해 보기 바란다.

'독서법'에 의존하지 말자

최근에 읽은 『1천 권 독서법』의 저자 전안나는 3년 동안 하루에 3시간을 내어 하루 1권의 책읽기를 꾸준히 실천했다고 한다. 워커홀릭인 저자는 어느 날 땅바닥으로 추락한 자존감의 처절함을 느꼈고, 정말 죽을 것 같아서 책을 읽기 시작했다. 스스로를 일에 미쳐 있는 사람이라고 명명하였고, 대학원에 7번이나 떨어진 사람이라고도 밝혔다.

정말 죽을 것 같아서 시작한 독서는 저자의 삶을 바꿔놓았다. 저자는 하루에 한 권의 책을 읽기 위한 틈새시간 전략과 다양한 독서법을 소개하면서, 삶이 변하고 싶으면 오늘부터 바로 '1천 권 독서법'을 실천하라고 당당하게 말한다.

이 책을 읽은 후 나는 어떻게 책을 읽고 있는지 되짚어보았다. 저자가 소개하는 독서법을 읽으며 나와 방법이 비슷한 부분에는 크게 공감했고, 차이가 있는 부분은 저자의 방법을 한 번 따라해 보기도 했다. 그중 나와 맞지 않았던 것은 '뒤에서부터 읽기'였다. 읽다가 궁금해서 뒷부분을 읽어본 적은 있지만, 처음에 바로 뒷장부터 읽는다는 것은 나로서는 서론 없이 급하게 결론만 내리는 느낌이 들었기 때문이다.

나는 첫 장부터 책을 읽다가 비슷한 이야기가 반복되면 한 문단, 때로는 한 페이지를 건너뛰며 읽기도 한다. 이때 눈에 들어오는 키워드를 콕콕 찍으면서 건너뛰면 내용의 흐름을 놓치지 않는다. 때로는 읽으면서 내 마음에 쏙 들어오는 문장이나 내용은 몇 번 반복해서 읽을 때도 있다. 책 여백에 마음에 드는 문장을 따라 적으며 생각할 시간을 두고 읽기도 한다.

나는 노트를 꺼내 따로 메모하는 것보다 그냥 책 여백에 끄적거리는 것을 선호하는 편이다. 맘에 드는 문장을 따라 쓰다 보면, 적는 동안 머릿속에 한 번 더 새겨지고 기억에도 잘 남는다. 그렇게 적은 메모들은 나중에 블로그에 따로 써두는 리뷰에도 요긴하게 활용할 글감이 되기 때문에 책의 빈 공간을 곧잘 활용하는 편이다. 건너뛰며 빠르게 읽어 넘기거나 시간을 두고 천천히 읽는 것, 이 두 가지의 속도를 하나의 책에서 조절하며 읽기도 한다.

도서관이 코앞에 있는 직장에 근무했을 때는, 업무 중 생기는 틈새 시간에 언제든 읽을 수 있게 책상 위에는 빌려온 책이 항상 몇 권씩 놓여 있었다. 어떤 때는 다 읽지 못하고 반납하기도 했지만, 도서관이 가까워 언제든 또 빌려볼 수 있으니 부담이 없었다. 계속 읽고 싶은 책은 가방 속에 넣어 다니며 직장이든 집이든 틈만 나면 펼쳐 완독을 하기도 했다.

두꺼워서 무게가 꽤 나가는 책은 매일 들고 다니기 힘드니까 요즘은 외출 가방 안에 가벼운 책을 넣어 두고 외출 할 때에만 꺼내 읽기도 한다. 집에서 따로 읽는 책은 거실이나 식탁 위에 자리 잡고 있다. 특히 거실과 침대 머리맡, 책상 위 등 각각의 장소에 다른 책을 두면 여러 곳에서 다른 책을 넘겨볼 확률은 올라간다. 책을 무심히 지나치지 않고 몇 장 넘겨보기라도 한다면 그 책을 읽기 시작할 확률도 높아지기 때문이다.

최근에는 틈새 시간을 이용하여 전자책을 몇 권 읽어보았는데, 활용도도 좋았고 개인적으로 꽤 만족스러웠다. 빨래를 개거나 다림질을 하는 등 집안일을 하는 자투리 시간을 모아 전자책을 음성 지원으로 듣는 것은 아주 효율적이었다. 대중교통을 주로 이용하거나 종이책이 보기 불편한 상황이라면 전자책은 더욱 요긴할 것이다. 메모와 하이라이트, 책갈피와 같은 기능을 잘 활용한다면 종이책 못지않게 독서를 즐길 수 있기 때문이다.

이처럼 장소와 시간에 구애받지 않고 책을 읽을 수 있는 방법은 많다. 직장과 집 등 다른 장소에서 각기 다른 책을 읽고, 이동하거나 자투리 시간에 전자책을 읽는 것과 같이 동시다발적으로 책을 읽으면 여러 권의 책을 읽어 나갈 수도 있다.

바쁜 와중에도 일부러 틈을 내어 책을 읽어야 독서도 꾸준히 할 수 있다. '시간 날 때 읽어야지'라고 생각한다면 그 시간은 영원히 생기지 않는다. 틈틈이 생기는 짧은 시간이라도 스마트폰 대신 책을 펼쳐 읽으려면 도처에 책이 보여야 한다. 여러 권의 다른 책들을 다른 장소마다 놓아두고, 그 환경에서 생기는 틈 속에서 꾸준히 읽는 것이 중요하다. 책이 늘 눈에 보이는 곳에 있으면 자연스레 펼치게 되고, 몇 줄이라도 읽으면서 습관으로 자리 잡게 된다. 습관으로 만드는 과정에서 나만의 독서 리듬을 찾게 되고 나만의 독서법도 만들어 나갈 수 있다.

물론 처음부터 나에게 꼭 맞는 독서법이 생기는 것은 아니다. 누군가는 1년이라는 시간이 걸려 자신의 독서 리듬을 찾을지도 모르고, 누군가는 몇 달 만에 자신만의 독서 스타일을 체득할 수도 있다. 그저 짬짬이 생기는 시간에 책을 펼치고 조금씩 꾸준히 읽다 보면, 스스로에게 꼭 맞는 독서 스타일을 자연스레 만들어 나갈 수 있다.

특별하게 거창한 노하우가 있는 것이 아니다. 나에게 꼭 맞는 정장을 입는 것처럼 나의 생활 패턴과 적절하게 어울리는 독서법을 찾기 위해 나만의 속도대로, 나만의 방식대로 책 읽는 습관을 들이는 것이 중요하다.

다시 한 번 말하지만, 중요한 것은 독서법이 아니라 꾸준히 책을 펼쳐 읽는 일이다. 하루에 1권을 읽는 사람도 있고, 어떤 이는 하루에 3권도 읽는다고 한다. 그런 사람들과의 경쟁이나 비교 때문에 생기는 조급한 마음으로 권수만 채우는 책 읽기는 수박 겉핥기밖에 되지 않는다. 물론 책의 종류에 따라 나에게 필요한 정보만 뽑아내는 스킬도 분명 필요하다. 하지만 독서 습관을 완전히 체화시키기 위해서는 꾸준히 읽는 것이 우선이다.

책은 내 안의 숨겨진 에너지를 끌어올릴 마중물과도 같은 역할을 한다. 나도 알아차리지 못한 내 안의 강점과 에너지를 깨우기 위해 독서만큼 쉬운 것도 없다. 글자를 읽을 줄만 알면 누구나 책을 읽을 수 있기 때문이다. 이 책을 읽고 있는 당신도 매일 펼치는 책 속에서 당신만의 독서법을 찾을 수 있을 것이다.

어떤 책은 맛만 볼 것이고, 어떤 책은 통째로 삼켜버릴 것이며 또 어떤 책은 씹어서 소화시켜야 할 것이다.

영국의 정치가이자 철학자인 프랜시스 베이컨의 말처럼 책에 따라 읽는 방법이 달라질 수 있다. 다만 다른 사람의 독서법에 너무 얽매일 필요는 없다는 말이다. 내게 맞는 나만의 독서기술을 만들어 가도 충분하다.

　직장을 다니며 육아와 집안일을 병행하는 엄마들이라면 책을 읽는 그 자체로도 이미 성공한 것이 아닐까? 나의 독서법이 나만의 정답인 것처럼 각자 자신에게 맞는 셀프리딩을 찾아 나가자.

자기계발서는 왜 읽을까?

요즘 서점에서 가장 많이 팔리고, 가장 많이 쏟아지는 종류는 아마 자기계발 도서일 것이다. 어떤 이는 허구의 소설은 도움이 되지 않는다며 자기계발서만 읽고, 또 다른 이는 다른 사람의 성공담이 담긴 자기계발서를 읽는 것은 시간낭비라며 차라리 소설이나 고전을 읽는다고 한다.

도대체 '자기계발서'란 정확히 어떤 책을 말하는 건지 궁금하여 인터넷 검색창을 두들겨 본 적이 있다. 자기계발서는 자신이 가진 것을 계발하고 활용하여 목표를 달성할 수 있는 방법을 알려주고, 개인의 삶을 향상시킬 만한 것들을 내용으로 다룬다고 한다. 이를테면 생활습관을 어떻게 개선시키고 시간을 어떻게 잘 활용할 수 있는지, 또는 인간관계나 커뮤니케이션을 어떻게 잘 만들고 구사할 수 있는지 방법론 같은 것들을 담고 있다. 그래서 행동에 대한 명확한 지침과 문제 해결에 도움을 얻을 수 있어서 독자들이 쉽게 접근 가능하다. 하지만 문제의 해결에만 집중하기 때문에 문제의 원인과 근원에 대해 깊게 생각해 볼 이유를 찾지 못한다는 한계도 있다.

그럼 자기계발서는 읽어야 할까 말아야 할까?

내가 최근에 읽는 책의 상당 부분은 육아 관련 도서나 에세이, 자기계발 쪽이 많다. 물론 소설도 읽는다. 몇 년 전에는 프랑스 소설가인 기욤 뮈소의 소설들을 아주 재미있게 읽었다. 읽다 보니 뒷내용이 너무 궁금해서 책을 덮을 수가 없었고, 다 읽느라 밤을 꼬박 지새운 적도 있었다. 하지만 읽을 때 아주 재미있었다는 느낌만 있을 뿐, 책을 덮고 나서 머릿속에 남는 것은 딱히 없었다. 그래서 소설은 재미는 있어도 실생활에 별로 도움이 되진 않는구나 싶었다.

최근에 읽은 메모 활용에 관련된 자기계발서는 읽는 동안 메모의 필요성도 알게 되고, 다양한 도구와 플랫폼을 활용한 메모 방법에 대한 정보도 자세히 얻을 수 있었다. 하지만 책을 덮은 뒤 책에 소개된 메모 관련 애플리케이션을 실제로 스마트폰에 다운받지도 않았고, 온라인에서 활용할 수 있는 어떠한 메모 방법도 시도해 보지 않았다. 내 가방 안에는 노트 한 권만 달랑 있을 뿐이었다. 그래서 자기계발서를 읽어도 실천하지 않으면 별 소용이 없구나 싶은 마음이 들었다.

소설이든 인문학 관련 도서이든 자기계발서든 읽는 사람에 따라 얻는 것이 다르고, 주로 어떤 책을 선호하는지는 개인의 취향일 수도 있다. 책을 읽을 때의 상황이나 감정에 따라 같은 내용이라도 다르게 받아들이기도 한다. 하지만 어떤 종류의 책을 읽든 자신의 머릿속에 무언가 남으면 되지 않을까 생각해 본다.

진정한 성공은 결코 외적인 것에서 찾을 수 없는 것이라고 생각해요. 내 삶에 문제가 없길 바라는 것이 아니라 문제를 해결할 수 있는 지혜와 용기를 찾는 거죠. 그리고 남다른 일을 하는 게 중요한 게 아니라 자신에게 주어진 일을 남다른 마음으로 하는 것이고요. 그걸 깨닫고 나니까 제게 닥쳐왔던 시련과 고난이 행운과 성공보다 더 감사하게 느껴지더라고요.

몇 달 전에 읽은 『독서천재가 된 홍대리2』에 나오는 내용이다. 성공이라 하면 부자들에게만 해당되는, 왠지 나와는 거리가 먼 단어라고 생각했지만, 홍대리가 말하는 명쾌한 대답에 절로 고개를 끄덕이게 되었다. 성공의 일부분인 부와 명예는 노력의 결과로 주어지는 것이지, 그것 자체를 목표로 삼을 것은 아니라는 홍대리의 말에 내 마음이 뻥 뚫린 듯했다.

부와 재산, 명예 그리고 사회적 인정과 권위. 이 모든 것만으로 성공을 정의할 수는 없을 것이다. 물론 '성공 = 부'라는 공식도 전혀 틀린 것은 아니지만, 그것은 노력하면 따라오는 '결과'일 뿐이다. 나에게 닥친 고난과 어려움을 해결할 지혜와 용기를 갖는 것이 성공이고, 결국 성공의 끝은 나눔이라는 것을 이 책의 마지막 장에서 확인할 수 있었다.

이 책을 읽으면서 평소에는 멀게만 느껴졌던 '성공'에 대해서 생각해 보게 되었다. 성공이란 나에게 어떤 의미로 다가오는지, 나는 무엇을 통해 성공을 이룰 수 있는지에 대한 고민도 해보게 되었다. 책에서 읽은 내용을 단순히 기억하는 것을 나의 지혜라고 착각하지 않고, 실천하면서 또한 겸손해야 함을 다시 한 번 새기기도 했다.

홍대리의 '1천 권 독서' 시작을 알리며 이 책은 끝이 난다. 『1천 권 독서법』뿐만 아니라 『1만 권 독서법』이라는 책도 읽어본 적이 있기 때문인지, 홍대리의 또 다른 시작이 낯설지만은 않았다. 1천 권이라는 숫자가 중요하다기보다는 독서를 매일 실천하는 습관의 중요성을 함축하는 결말이라고 생각한다. 단순히 책을 읽는 것에서 끝나는 게 아니라 완전히 체화하여 삶 속에서 실천하는 것이야말로 이 책의 부제인 '성공을 현실로 만드는 책읽기 프로젝트'라는 것도 느끼게 되었다.

삶을 개선시키고 더 높은 목표를 이루기 위해, 우리는 책을 통해 앞서 걸어간 사람들의 생활방식이나 사고방식까지도 흡수할 수 있다. 물론 그들의 방법이 누구에게나 적용되는 정답은 아닐 것이다. 대대수에게 도움이 되는 정말 효과적인 방법이라고 해도 나에게만은 맞지 않을 수도 있다.

다만 우리가 책을 읽는 동안 꼭 해야 할 것은 바로 '생각하는 힘'을 기르는 것이다. 소설을 읽든 에세이를 읽든 자기계발서를 읽든, 활자를 그냥 읽기만 하고 책을 덮는다면 얼마 지나지 않아 기억에서 사라질 것이다. 책을 읽는 동안은 저자의 의도를 간파하고 소설 속 인물들의 성격을 파악하기도 하지만, 결국 끊임없이 생각해 보는 것은 우리 자신에 대한 일이다.

소설을 읽으면 다양한 등장인물을 통해 우리네 삶을 축소시켜 보여주는 다양한 이야기를 접할 수 있다. 허구의 이야기지만 현실에 기반을 두었기에 다양한 인간 군상을 접하고 삶에 대해 생각해 볼 수 있다. 소설 속 인물을 통해 '내가 만약 그와 같은 상황에 놓인다면 어떤 행동과 어떤 선택을 할까?'라는 질문을 던져 볼 수도 있다. 예전에 기욤 뮈소의 소설들을 읽을 때는 스스로에게 그런 질문들을 해본 적이 없었다. 질문에 대한 답을 찾기 위해 깊이 생각해 본 적도 없기 때문에 다 읽은 후에 기억에 남는 것도 없었던 것이다.

요즘 나는 빠른 시간에 다 읽어야 한다는 강박관념에 얽매이지 않고, 읽는 중간 나의 생각과 다르거나 일치하는 부분에서는 잠시 읽기를 멈출 때가 많다. 여유를 가지고 나의 느낌과 생각을 여백에 적어보거나 고개를 끄덕이게 되는 부분에는 밑줄도 그으며 그 뜻을 음미해 본다. 또는 저자의 생각에 빗대어 나 자신을 생각해 보기도 한다.

이처럼 책을 통해서라면 스스로에게 질문을 던지고 답을 고민하며 생각해 볼 수 있다. 책을 읽는 동안 오롯이 혼자서 사색에 잠길 수 있기 때문이다. 나 자신이 어떤 존재인지, 무엇을 좋아하고 싫어하는지, 그리고 어떤 성격의 사람인지….

누군가 옆에서 이런 질문을 던질 때 잠깐 생각해 보고 답할 수 없다면, 평소 자신의 독서 습관을 체크해 볼 필요가 있다. 독서를 통해 끊임없이 사유하고 생각하는 힘을 키운다면 나 자신에 대해 좀 더 명확하게 인지할 수 있고, 더 나아가 나의 삶과 관련된 근원적인 부분까지도 고민해 볼 수 있다.

이것 하나는 꼭 말하고 싶다. 어떤 책이든 읽자. 단, 생각하면서 읽으면 더 많은 것을 얻고 더 많은 것을 깨달을 수 있다.

생생한 리뷰는 나의 힘

남아메리카에 위치한 파라과이의 쓰레기 매립지에는 카테우라라는 빈민촌이 있다. 마을사람들은 쓰레기더미 속에서 쓸 만한 고물을 팔아 생계를 이어가며 살아갔다. 마을 아이들은 교육도 제대로 받지 못하고 각종 범죄와 마약에 노출된 채 희망이 보이지 않는 생활을 했다.

환경 관련 프로젝트를 맡아 이 마을로 온 파비오는, 이미 쓰레기더미로 덮인 이곳을 변화시키기에는 역부족이라 판단했다. 하지만 어느 날, 쓰레기더미에서 합판과 기름통을 갈고 닦아 자르며 생계를 이어가는 목수의 손에서 소리를 내는 악기가 탄생되는 것을 보게 된다. 악기를 살 수 없는 아이들을 위해 버려진 쓰레기로 제작한 바이올린과 첼로를 하나씩 나누어주었고, 마침내 오케스트라가 결성되었다.

파비오는 쓰레기를 재활용하여 만들어진 악기로 구성된 오케스트라 '랜드필 하모니'의 지휘를 맡아 아이들에게 음악을 통해 꿈을 찾고 그 꿈을 이룰 수 있도록 도와주게 된다. 장마와 홍수로 황폐해진 마을이 위기에 빠졌지만, 오케스트라는 음악이 지닌 강력한 힘으로 마을에 새로운 희망을 불어넣어 주었다.

이 실화는 다큐멘터리로 제작되어 2015년 벤쿠버 국제영화제에서 국제 관객상을 수상하였고, 랜드필 하모니 오케스트라는 순회 공연을 통해 전세계의 많은 사람들에게 깊은 감명을 주었다.

버려진 물건이 악기로 재탄생되어 그 가치를 발휘할 수 있는 것처럼, 책을 읽고 난 뒤 쓰는 생생한 리뷰는 책을 더 빛나고 의미 있게 해주는 작업이다.

리뷰는 독서노트에 읽기 시작한 날짜와 끝낸 날짜를 적고, 간단한 한 줄을 남기는 것으로 시작할 수 있다. 여기에 나의 생각을 덧붙이다 보면 한 줄이 두세 줄이 되고, 한 문단으로 늘어날 수 있다. 혹은 온라인 플랫폼을 활용하는 방법도 있다. 요즘은 독서와 관련된 다양한 애플리케이션이 있고, 블로그나 인터넷 카페, SNS 중에서 본인에게 적합한 것을 선택하여 활용하면 쉽게 접근할 수 있다.

나의 경우에는 블로그를 시작하면서 일상을 기록하기도 하지만, 무엇보다 읽은 책을 기억하기 위해 리뷰를 쓰고 있다. 처음에 적은 리뷰를 다시 들춰보면 단편적인 감상만 간단히 적혀 있을 뿐 의미 있는 내용은 거의 없다. 그러다가 감명 받은 구절을 옮겨 적고, 나의 생각을 덧붙여 나가기 시작했다. 책에 밑줄 친 부분을 찍은 사진을 올리고 사진 속 핵심 문장은 강조하기 위해 한 번 더 옮겨 적기도 했다.

리뷰를 시작한 지 몇 달이 지나니 나만의 간단한 절차가 생겼다. 일단 책을 읽으면서 감명 받았거나 기억하고 싶은 부분에 밑줄을 긋고, 여백에 나의 생각을 적어두기도 한다. 다 읽고 나면 밑줄을 보면서 리뷰에 옮길 만한 것을 추려 사진으로 몇 컷 찍어둔다. 이때 밑줄 친 모든 내용을 사진으로 찍어서 옮길 수는 없으니 밑줄 친 부분을 한 번 더 읽으면서 중요한 구절을 뽑아낸다. 그리고 사진으로 찍은 부분을 한 번 더 읽어보고, 기억하고 싶은 문장들을 추려 글로 옮겨 적는다.

기억하고 싶은 내용을 처음 읽을 때 한 번, 사진으로 찍기 전에 추려내면서 또 한 번, 그리고 옮겨 적으면서 또 한 번. 그렇게 가슴에 와 닿은 구절을 총 세 번 정도 반복하면 자연스레 머릿속에 새겨지는 효과도 덤으로 따라온다.

특히 옮겨 적은 구절에 덧붙이는 나의 생각들은 책을 읽을 때와는 또 다른 느낌을 준다. 내 입장에서는 어떤지 저자의 생각을 적용시켜 생각해 보고, 문자로 표현하는 동안 좀 더 구체적으로 정리된 나만의 생각으로 재탄생하기 때문이다. 리뷰를 적다 보면 별 감흥 없이 읽었던 책이 새로운 감흥으로 다가오기도 하고, 별로 쓰고 싶었던 말이 없었던 책의 리뷰가 의외로 길어지는 경우도 있다.

때로는 공들여 써야 한다는 부담감에 책을 다 읽고 나서도 리뷰 쓸 엄두가 나지 않기도 한다. 그럴 때 잘 활용하는 방법은 〈책 속 한 줄〉이라는 나만의 제목으로 리뷰를 대신하는 것이다. 책 전체를 훑어보기에 시간이 부족하거나 상황이 여의치 않으면, 읽으면서 기록으로 정말 남기고 싶을 만큼 감명 받은 몇몇 구절만 옮겨 적고 나의 생각으로 살을 붙인다. 이렇게 남긴 짧은 리뷰만으로도 충분히 책의 감상을 살릴 수 있다.

리뷰의 목적은 남에게 잘 보이기 위함도 아니고 누구의 평가를 받기 위함도 아니다. 오직 본인이 기억하고 싶은 부분과 읽으면서 느낀 점이나 생각들을 글로 표현하는 것이다. 남에게 그럴 듯하게 보이고 싶어서 작성하려고 하면 막상 한 줄도 제대로 쓸 수 없을지 모른다. 그저 스스로를 위해 쓴다는 생각을 하면 부담 없이 시작할 수 있다.

17세기 영국의 유명한 철학자이자 정치사상가인 존 로크는 "독서는 다만 지식의 재료를 공급할 뿐이며, 그것을 자기 것이 되게 하는 것은 사색의 힘이다."라고 말했다. 책을 읽은 뒤 그대로 덮어버린다면 진정한 내 것이 되지 않는다. 읽으면서 깨달은 생각을 글로 표현하면 좀 더 깊은 사색으로 넘어갈 수 있다. 그 과정에서 나만의 색깔이 입혀지고 전달하고자 하는 메시지도 분명해지는 것이다. 즉, 나만의 생각으로 재탄생된다.

최근에는 종종 일부러 손님이 적은 조용한 카페를 찾아가 책을 읽는다. 사무실이나 집을 벗어나 마음에 드는 공간 안에서의 독서는 나에게 최고의 충전 시간이 된다. 향긋한 커피 한 잔을 앞에 두고 잔잔한 음악이 흐르는 조용한 카페에서 혼자만의 시간을 만끽하며 읽는 책은 언제나 내게 완벽한 시간을 선물해 주곤 한다. 그 순간의 기분을 담은 글을 포스팅으로 남기고 이웃과 공유함으로써 나 자신에게 좋은 기운이 더욱 각인되는 효과도 얻을 수 있다.

사람들은 재앙에 가까운 말을 들었던 순간이나 수치스러운 경험같이 나쁜 일들에 대해 유독 잘 기억하는 것 같다. 매우 빠른 속도로 당시 느꼈던 우울한 감정을 되살려낸다. 하지만 멋진 순간들은 그 정도로 잘 기억하지 못한다. 나는 그런 좋은 기억들을 '스냅샷 순간들'이라고 부른다. 기분이 좋았거나 나 자신이 강하고 자랑스럽게 느껴졌던 순간들을 찾아내서 마치 사진사처럼 포착한다.

생각의 전환으로 결정적 순간을 만드는 10가지를 담은 리차드 거버의 『심플하게 생각하기』에는 기분 좋은 일들과 자랑스럽고 멋진 순간들을 '스냅샷 순간들'이라고 칭하고 있다. 내가 활용하는 '스냅샷 순간들'은 어떤 것인지 잠시 생각을 더듬어보았다. 기억 속에 엉켜 있는 찰나의 순간을 글로 정리하여 담아둔 블로그의 기록들이 나의 '스냅샷 순간들'이지 않을까 싶었다. 보고 싶을 때면 언제 어디서라도 스마트폰으로 클릭해서 '다시 보기'를 할 수 있으니까 말이다.

　　특히 책을 읽는 순간을 담은 사진과 함께 남긴 글 그리고 책을 읽은 뒤에 적는 리뷰들은, 책을 읽을 때 느꼈던 울림과 감동을 다시 한 번 불러일으켜주는 스냅샷 순간들이다. 안 좋은 나쁜 일들을 기억하면 그때 겪은 우울한 감정을 다시 느낄 수 있듯, 책을 읽으면서 가졌던 기분 좋은 감정을 표현한 글을 읽으면 긍정적인 기운이 다시 떠올라 책을 한 번 더 펼치게 된다.

　　몇 년 전 방영한 〈응답하라 1997〉부터 〈응답하라 1994〉와 〈응답하라 1988〉까지 응답하라 시리즈를 옛 향수에 젖어 고개를 연신 끄덕이며 봤던 기억이 있다. 특히 첫 시리즈였던 〈응답하라 1997〉편은 주인공들이 그 당시 나와 동갑으로 등장하여, 마치 나의 학창 시절을 보는 것 같아 푹 빠져서 봤다. 보는 내내 그 시절 그때의 추억이 새록새록 생각나기도 했다.

리뷰 또한 그런 역할을 한다. 책을 읽고 난 뒤 기록하지 않고 지나가면, 읽으면서 머릿속에 가득 찼던 생각들도 휘발되어 금방 사라져버린다. 그렇기 때문에 더더욱 생각을 붙잡아 글로 남겨두어야 한다. 첫 시작은 책을 읽으며 느낀 짧은 한 줄 감상과 한 장의 사진이어도 된다. 그 한 줄 리뷰만으로도 책을 읽을 당시의 감정과 느낌 그리고 분위기까지 다시 불러오기에 충분하기 때문이다.

꾸준히 쓰는 리뷰가 독서를 습관으로 만들어주는 데 큰 역할을 하기도 한다. 시간이 좀 지나서 직접 쓴 리뷰를 읽으면 그 당시 느꼈던 생각들을 다시 곱씹을 수 있고, 내면은 이미 그 책을 읽던 당시의 나로 돌아가 응답하고 있을지 모른다. 이렇듯 생생한 리뷰야말로 나 스스로에게 동기부여를 해주는 또 하나의 새로운 글임에 틀림없다. 오늘 이 책을 읽은 당신도 부담 없이 한 줄 리뷰부터 시작해 보길 바란다. 곧 나만의 생각으로 재탄생되는 리뷰의 힘에 당신 또한 매료될 것이다.

마음껏 밑줄 긋고 마음껏 쓰자

이 책을 읽고 있는 당신은 어떤 방식으로 책을 읽고 있는가? 도서관에서 빌려온 책이라 책장이 구겨질까 조심조심 한 장씩 넘기고 있는가? 혹은 기억하고 싶은 내용이 적힌 페이지에 플래그를 붙여 표시해 두었다가 나중에 노트에 옮겨 적는가? 아니면 구매한 책이라 펜을 들고 마음에 와 닿는 부분에 밑줄을 쫙 그으며 읽고 있는가?

책이란 무릇 깨끗하게 읽어야 한다는 관념에 사로잡혀 눈으로만 읽어 내려간다면 책을 다 읽고 나서 머릿속에 남는 것이 얼마 없다. 분명 읽긴 읽었는데, 읽으면서 기억하고 싶은 구절이나 떠올랐던 생각들이 도통 생각나지 않는다. 인간을 망각의 동물이라 한 이유가 여기에 있다.

한 문장이라도 더 기억하고 싶다면, 책은 가급적 구매해서 읽으라고 권하고 싶다. 구매한 책이어야 읽으면서 마음 놓고 밑줄을 그을 수도 있고, 읽다가 덮어두고 시간이 좀 지나 다시 펼쳐볼 여유도 생기기 때문이다. 혹은 일단 도서관에서 빌려 읽고 소장할 가치가 있다면 그때 구매하는 것도 하나의 방법이다.

나 또한 처음엔 책을 신주단지 모시듯 깨끗하게 읽었고, 구겨질까 조심하며 한 장씩 곱게 넘겨 읽곤 했다. 예전에 읽은 책을 꺼내 보면 서점에 진열해 두어도 손색이 없을 만큼 깨끗하다. 하지만 이 책에 무슨 내용을 담고 있었는지, 읽긴 읽었는데 내가 무엇을 느꼈는지 도통 기억이 나지 않았다. 그래서 요즘은 처음부터 펜을 들고 책을 펼친다.

읽으면서 감명 받은 구절이나 가슴에 와 닿는 내용에는 밑줄을 바로 긋고, 페이지 모서리를 접어두기도 한다. 밑줄 긋고 싶은 내용이 길 때는 체크 표시를 해두거나 괄호를 치기도 한다. 저자의 생각에 의문이 생기는 구절에는 물음표를 그려 넣을 때도 있다. 핵심 키워드에는 동그라미를 치고 별표로 강조도 한다. 그렇게 공부하듯이 읽은 책은 기억에 더 잘 남고 여운도 오래 간다. 물론 모든 책을 공부하듯이 읽을 필요는 없지만, 밑줄을 긋고 표시를 하면서 읽어야 비로소 내 책이 된 느낌이다.

밑줄이나 동그라미를 치지 않고 플래그만 붙여보니 나중에 그 페이지를 펼쳤을 때 어느 부분에서 감명 받았었는지 찾기 어려웠다. 그래서 꼭 밑줄을 치며 읽는 것을 선호한다.

단순하게 활자만 읽는다고 그 책을 다 읽었다고 말하긴 어렵다. 누군가에게 그 책을 읽고 난 느낌을 간단하게 말할 수 있도록 머릿속에 무언가 남아 있어야 한다. 하지만 밑줄 하나 없이 깨끗하게 읽었다면 머릿속도 깨끗할 수 있다. 당연히 누군가에게 책의 느낌이나 내용을 간단하게 말하는 것조차 쉽지 않다.

아이들이 책을 어떻게 다루는지 유심히 관찰해 보자. 우리 아들만 봐도 책은 하나의 장난감과 같다. 책이 거실에 널브러져 있으면 개울가에 놓인 징검다리 밟듯이 일부러 책을 밟고 지나간다. 더 어렸을 때는 책에 색연필로 색칠도 했고 페이지를 넘기다가 찢어먹는 것은 예사였다. 아들에게 책은 레고나 로봇과 같은 장난감이기 때문에 펜으로 낙서도 하고 찢어지거나 구겨져도 속상해 하지 않았다. 이렇게 장난감 다루듯이 책을 읽어야 비로소 내 것이 될 수 있다.

유치원의 학부모설명회에 참석했을 때, 원장선생님께서 큰 화면에 사진과 함께 적힌 신형건의 「봄날」이라는 시를 직접 읽어주신 적이 있다. 지면을 할애해 시를 옮겨 보면 다음과 같다.

봄날

신형건

엄마, 깨진 무릎에 생긴
피딱지 좀 보세요.
까맣고 단단한 것이
꼭 잘 여문 꽃씨 같아요.
한 번 만져보세요.
그 속에서 뭐가 꿈틀거리는지
자꾸 근질근질해요.
새 움이 트려나 봐요.

　　사진 속에는 땅 위로 돋은 새싹 위에 흙이 덮여 있었고, 흙 위
에는 돌멩이가 놓여 있었다. 싹은 씨앗을 곱게 덮어준 흙과 그 위에
흙을 짓누르는 돌멩이의 무게까지 뚫고 나와야 제대로 클 수 있는
모습이었다. 매일 아주 조금씩, 돌의 무게와 함께 등에 지고 있는 흙
을 들어 올려야 사진 속의 싹은 우뚝 솟을 수 있을 것이다. 연약한
새싹의 어디에서 저런 큰 힘이 나오는지 볼수록 신기했다. 조그마
한 씨앗에서 솟아나와 흙을 비집고 꿈틀거리며 돌멩이까지 들어 올
리는 저 조그마한 새싹에 내 모습이 투영된 것만 같아 동시를 듣는
내내 계속 시선이 머물렀다. 집으로 돌아와 이 동시를 듣고 떠오른

생각과 느낌을 블로그에 적어보았다.

　　작고 눈에 띄지도 않던 '나'라는 싹이 새로 움을 트려고 매일 조금씩 읽고 쓴다. 그런 '나'를 가로막고 있던 돌멩이를 밀어내려고 안간힘을 쓰기도 한다. 때로는 일상에 지쳐 도돌이표마냥 제자리걸음일 때도 있다. 가끔은 걱정과 막막함에 책 한 장 제대로 읽어내지 못하거나 한 문장도 쓰지 못할 때도 있다. 하지만 매일 조금씩 싹에 햇볕을 쪼이고 물을 주어 힘을 기르는 연습을 하고 있다. 그 힘이 모이고 모여 마침내 싹을 덮고 있던 흙과 돌멩이까지 들어 올리게 된다. 깨진 무릎에 생긴 까맣고 단단한 피딱지처럼 앞으로 글을 쓰면서 나에게도 그런 피딱지가 생길지 모른다. 아니 분명히 생길 것이다. 하지만 이 피딱지는 새 움이 나오기 위한 꽃씨이고, 싹이 트려고 자꾸만 근질근질할 것이다. 힘이 생긴 싹이 마침내 흙을 뚫고 솟아오르듯이 나도 내면의 힘을 길러 우뚝 솟아오를 것이다.

서서히 옅어지는 생각들을 놓치고 싶지 않아서 집에 도착하자마자 자판을 두드려 적어 내려간 글이다. 「봄날」이라는 동시를 읽은 당신도 분명히 머릿속에 떠오르는 생각들이 있을 것이다. 책을 읽을 때도 마찬가지이다. 독서는 글자를 눈으로만 읽는 것이 아니다. 머릿속에서도 끊임없이 책의 내용을 이해하기 위해 두뇌회전이 일어나고 있다. 읽는 동안 저자의 생각에 공감하며 끄덕이기도 하고, 나와 다른 생각에 갸우뚱하기도 한다. 혹은 나의 관점과는 다르게, 한 차원 깊은 생각에 시각의 차이를 느끼고 감탄하기도 한다.

공감이든 질문이든 떠오르는 생각이든, 그 무엇이든 펜을 들고 종이에 적어보자. 종이가 준비되어 있지 않다면 책의 여백에 적는 것도 좋은 방법이다. 읽고 있는 책을 온전한 내 책으로 만들기 위해 책의 여백을 활용하는 것은 내가 애용하는 방법 중 하나이다. 일단 한 줄이라도 적기 시작하면 두 줄, 세 줄로 늘어나는 것은 시간문제 이다.

시간이 좀 지나 그 책에 적혀 있는 글을 보면, 그 당시 무슨 생 각을 했었는지 알 수 있다. 과거의 나에 대해 알 수 있는 하나의 수 단이 되는 것이다. 게다가 그때의 생각과 질문에 대한 해답을 찾았 다면 그만큼 성장했다는 증거도 될 수 있다. 답을 찾지 못하고 여전 히 비슷한 생각을 품고 있다 해도 괜찮다. 어차피 인생은 답을 찾아 가는 과정이니까 말이다.

행복도 하나의 기술이다. 즉, 자기 자신 속에서 발견하는 기술 이 필요한 것이다.

『행복론』을 저술한 스위스의 사상가이자 법률가인 칼 힐티의 말이다. 모든 사람의 최종 목표인 '행복한 삶'에도 기술이 필요한 것처럼, 책을 잘 읽기 위해서도 약간의 기술들이 필요하다. 읽으면서 밑줄을 긋고 본인만의 표시를 통해 머릿속에 더 각인이 된다면 책을 읽는 것이 하나의 즐거움으로 다가올 것이다. 덧붙여 본인의 느낌과 생각까지 적으며 책에 대한 간단한 감상도 남긴다면 더할 나위 없다. 이것이 바로 내가 생각하는 '독서의 기술'이다.

따라만 하면 되는
책 '읽어주기'의 비밀

엄마라면 누구나 아이가 어릴 때부터 습관으로 잡아야 하는 독서의 중요성을 인지하고 있다. '책육아'와 관련된 자녀교육서나 육아서들이 하루가 멀다 하고 쏟아지고 있는 것은, 그만큼 유아기에 독서 습관을 형성하여 공부 잘하는 아이로 만들고 싶은 엄마들의 욕심을 반영하고 있는 것일 게다. '책으로 육아한다'는 엄마들의 소식은 온라인을 통해 퍼져 나간다.

책을 통해 아이 스스로 한글을 깨치고, 영어책을 읽어주고 들려줬더니 영어도 마스터했으며, 수 개념 동화와 과학 동화책으로 수학, 과학도 배우고… 끝이 없다. 책 읽어줄 때 요긴한 읽기법이나 연령별 책 추천 정보는 몇 번의 검색만으로도 넘쳐난다.

이런 내용을 읽어본 엄마라면 누구나 자신의 아이와 비교하면서 슬그머니 조바심을 내게 된다. 옆집 아이는 네 살에 벌써 한글을 뗐다더라, 영어책을 읽어주니 술술 말한다더라고 하는 일명 '카더라' 통신은 엄마들의 불안감을 조장하고, 유아 책 시장을 또 하나의 사교육으로 키우고 있다.

내 주위에서는 보지 못했지만, 실제 그런 똑똑한 유아들이 분명 존재한다. 육아서나 TV, 온라인에서는 책으로 한글과 영어뿐만 아니라 수학, 과학, 사회 영역까지 배우는 아이들을 쉽게 찾을 수 있다.

이쯤에서 밝히지만, 난 책육아 코스프레를 했던 엄마였다. 아들이 돌이 될 무렵부터 목이 쉴 정도로 읽어주기 시작했던 한글책, 영어책이 아직도 책장에 그대로 꽂혀 있다. 그래서 우리 아들은 지금 한글도 뗐고 영어도 잘 아는가? 전혀 그렇지 않다. 한글도 아직 제대로 모르고 영어는 다 까먹은 지 오래다.

다섯 살 초반까지는 무던히도 읽어주었지만, 숲 유치원을 다니기 시작하면서부터는 신체활동이 많아진 데다 에너지를 쏟아내는 남자아이인지라 정적인 독서에 할애하는 시간이 예전보다 적어졌다. 목이 쉬도록 주구장창 책을 읽어주며 책육아 코스프레를 했지만, 지금은 읽어달라는 책만 읽어주자는 원칙만 고수하고 있다. 어쩌다 책육아 코스프레를 벗어던지고 한 가지 원칙만 세우게 되었는지 궁금한가?

대답을 하기 전에 한 가지 묻고 싶은 것이 있다. 엄마가 아이에게 책을 읽어주기 전에 무엇이 선행되어야 좋을까? 책을 읽어주기만 하면 되지 무슨 소리인가 하겠지만, 반드시 엄마들이 각오해야 할 것이 하나 있다.

바로 아이가 하루도 빼먹지 않고 매일 책을 좋아하며 읽을 것이라는 기대를 하지 말라는 점이다. 아이에게는 호기심을 자극하는 것들이 도처에 깔려 있다. 우리 집만 보더라도 갖가지 장난감과 다양한 종류의 블록이 집에 널려 있다. 아들은 에너지를 발산하고 강력한 힘을 내뿜는 로봇놀이와 다양한 블록으로 무언가를 만드는 놀이를 제일 좋아한다. 야단을 맞으면서도 거실에서 공도 한 번씩 뻥뻥 찬다.

이것도 허락되지 않으면 아들은 엄마와 공 던지기를 하며 놀자고 조른다. 단순히 주고받으며 하는 공놀이가 뭐가 그리 재미있는지 아들은 깔깔 넘어간다. 엄마에게는 재미도 없는 공놀이니 그만하자고 하면 더 하자고 난리다. 종이에 낙서처럼 보이는 공룡과 갖가지 이상한 괴생명체를 그리면서 온갖 상상력을 보태 스토리를 만들어가기도 한다. 물론 본인만 알아볼 수 있는 그림이라는 단점이 있지만, 어차피 남들에게 보여줄 생각이 없으니 다행이다. 이런저런 놀이를 다 해보고 재미없어질 때쯤 잡는 것이 책이다.

만약 이때 TV라도 틀면 책 읽어주는 것은 한 타임 더 기다려야 한다. 스마트폰이나 태블릿을 전혀 보지 않는 아들이지만 TV에 나오는 만화는 참 좋아한다. 그래서 만화까지 보고 나야 책 한 번 펼쳐볼 시간이 온다.

가끔 마트나 식당에서 스마트폰과 태블릿에 빠져 있는 유아들을 본다. 장난을 치거나 떼를 써서 정신없게 만드는 아이들을 가만히 있게 만드는 어쩔 수 없는 선택이겠지만, 참 씁쓸한 것도 사실이다. 너무 일찍 영상에 노출되면 두뇌 발달에 안 좋은 영향을 미친다는 연구 결과가 수없이 발표되고 있기 때문이다.

그래서 나의 철칙 중 하나는 우리 아들에게 스마트폰 안 쥐어 주기이다. 보여주지 않으니 아직까지는 보여 달라는 말을 하지 않는다. 식당에서 돌아다니고 시끄럽게 하면 어떻게 하는지 궁금해할 수도 있다. 아들이 어릴 때는 책을 몇 권 가지고 가서 음식을 기다리는 동안 읽어주곤 했었다. 지금은 놀이방이 있는 식당을 가는 편이고, 놀이방도 없는 식당이라면 어떤 식으로든 어르고 달래고 이야기를 하는 등 갖은 방법을 다 동원하여 밥을 먹고 나온다. 다행히 스마트폰을 쥐어 주지 않는 나의 소신은 아이가 태어나면서 지금까지 지켜지고 있다.

주위에서는 멀티미디어 시대에 다양한 스마트 기기를 너무 접하지 않아도 문제라고 말하기도 한다. 스마트폰을 보지 않는 아이에게 남편은 태블릿을 사주고 싶어 하는 눈치지만, 나는 아직은 때가 아니라고 말하고 있다. 나는 아이가 스마트 기기를 접하는 시기를 최대한 늦추고 싶다. 어차피 학교에 입학하면 저절로 접하게 될 것이고, 빠른 속도로 습득할 수 있다고 생각하기 때문이다. 아이들이 새로운 무언가를 배우는 속도는 어른들의 예상보다 훨씬 빠르다. 그래서 아직 스마트 기기를 다룰 줄 모르는 아들에 대해 굳이 걱정하지 않는다.

요즘은 여러 학습지들도 태블릿과 연동되어 많은 콘텐츠를 접하며 학습할 수 있도록 시스템화 되어 있다. 하지만 나는 지난해 가을부터 시작한 학습지를 굳이 방문 선생님이 오지 않는 옵션으로 하고 있다. 엄마인 내가 해줄 요량으로 10분짜리 방문수업 대신 나의 수고로움을 택한 것이다.

많은 학습지 관련 회사에게는 정말 미안한 말이지만, 그들에게서 교육적 마인드를 기대할 수 없다는 것이 나의 소견이다. 엄마들의 불안한 심리를 건드려 한 과목이라도 더 팔려는 그들의 수완을 알기에 엄마와 함께 배우는 학습지를 택한 것이다. 태블릿과 연계한 영어 과목 학습지를 소개받았지만 나의 소신이 더 강했다. 집에 있는 영어책이 몇 박스인데 굳이 또 새로운 것을 살 필요는 없다고 생각했다.

스마트 기기를 접하지 않는 아들은 하고 싶은 각종 놀이를 실컷 하고 나야 책을 몇 권 본다. 말을 막 하기 시작했을 땐 혼자 털썩 앉아 책장 넘기는 모습을 자주 연출하여 나를 흥분시켰지만, 요즘은 정말 가끔 보여주는 모습이다. 그리하여 엄마인 나부터 아들에 대한 기대감을 내려놓기로 했다. 다른 재미에 빠져 있는 아들에게 자꾸 책을 보자고 들이밀었다가 아들이 "책은 재미없어."라는 말을 내뱉는 바람에 얼마나 가슴이 철렁했는지 모른다.

그런 말을 한 번쯤 들어본 엄마라면 무슨 느낌인지 알 것이다. 아이에게 책은 우선이 아님을 인정해야 한다. 물론 책을 우선적으로 보고 다른 놀이를 하는 아이들도 분명 존재한다. 하지만 엄마라면 적어도 내 아이의 놀이 패턴쯤은 먼저 파악해야 한다. 책은 하루 중 언제쯤 펼쳐보는지, 만약 하루 종일 책을 거의 보지 않는다면 스마트폰이나 TV, 태블릿 등에 시선이 고정되어 있는 것은 아닌지 살펴보는 것도 필요하다. 아직 다른 놀이가 더 하고 싶은 아이에게 책을 읽어주겠다고 하면 반감만 사게 될지도 모른다. 각종 놀이가 시들해질 순간을 포착하여 책을 읽어주는 것이 좋다.

아이에게 책을 읽어주면 아주 많은 장점이 있다는 것쯤은 자세히 언급하지 않아도 다들 잘 알고 있을 것이다. 그렇다고 잘 놀고 있는 아이를 끌어당겨서 책을 보도록 강요해서는 곤란하다. 왜 책을 안 보냐고 닦달하는 순간, 오히려 책에 대한 반감만 생기기 때문이다. 내 아이의 성향과 놀이 패턴을 먼저 파악하고, 요령껏 책을 읽어줘야 꾸준하게 읽어줄 수 있다.

하루에 한두 권이라도 꾸준히 읽어주는 것이 중요한데, 아이들의 변덕에는 평균이라는 것이 없다. 하루에 10권, 20권을 가져와서 읽어달라는 날도 있고 하루에 단 한 권도 안 보려고 하는 날도 있다. 가끔은 계속 책을 멀리할까 봐 걱정도 되겠지만, 그럴 때는 잠시 쉬어간다고 생각하는 것도 좋다.

책보다 더 재미있고 흥미로운 놀이에 빠져 있을 때는 그것이 무엇인지 옆에서 지켜보았다가 관련되는 내용의 책을 슬쩍 들이밀어 보자. 아이의 눈이 반짝인다면 읽어주고, 아니라면 그대로 두면 된다.

따라만 하면 되는 책 '읽어주기'의 비밀은 바로 아이에게 책을 읽어줄 때 엄마의 기대감부터 내려놓는 것이다. 아이는 절대 엄마의 기대감으로 움직이지 않는다는 것을 기억하자. 또한 내 아이가 무엇을 가장 원하고 어떠한 놀이 패턴을 가지고 있는지 먼저 파악해야 한다. 이 두 가지 비밀만 염두에 두면 책 읽어주기의 반은 성공적이라고 할 수 있다.

책 읽는 아이를 만드는 특별한 'READING' 노하우

질문하기 – '대답하기'보다 어려운 '질문하기'

집안일과 육아를 병행하면서 아들에게 책도 읽어주는 엄마로서 내가 애용하는 전략 중 하나를 소개해 볼까 한다.

아이는 내가 무엇을 하든 상관없이 책을 들고 와서 읽어달라고 할 때가 많다. 예를 들면 샤워를 막 하고 나와서 얼굴에 로션을 바를 틈도 없이, 머리를 말릴 틈도 없이 책을 들이미는 경우가 그러하다. 그럴 땐 우아하게 스킨부터 시작해서 에센스, 로션, 아이크림, 수분크림을 순서대로 바르고 앉아 있을 여유가 없다. 다 바를 때까지 기다려달라고 하면 아이의 흥미가 다른 곳으로 옮겨 가버리기 때문에 우선 질문부터 던지고 본다. 일명 '시간 끌기 작전'이다.

우선 제목을 읽어주고, 제목에 있는 단어 혹은 표지의 그림에 대해 질문을 한다. 이 질문을 통해 아이의 흥미를 끌 수 있고, 약간의 시간을 벌어 그 짧은 몇 분 동안 갖가지 화장품은 다 생략하고 로션 하나만이라도 바를 수 있기 때문이다.

　　책을 읽어줄 때 질문하기를 주저하는 엄마들이 있다. 무슨 질문을 어떻게 시작해야 할지 모르거나, 왠지 학습을 위한 질문을 해야 할 것 같은 생각에 길들여져 있기 때문이다. 그럼 이참에 질문에 대한 관점을 조금 비틀어보면 어떨까.

　　여기서 질문의 목적은 하나다. 바로 시간 끌기. 젖은 머리도 말리고 푸석해지는 얼굴에 촉촉함을 안겨줄 단 몇 분만이라도 버는 것이다. 그러니 질문하는 것에 부담 갖지 말고 아주 단순한 질문부터 해보자. 다소 멍청해 보이는 질문이라도 괜찮다. 아이의 수준을 고려한 유치한 질문이면 더더욱 좋다.

　　아들에게 읽어준 책 중에 『뱀을 데리고 산책하지 마세요』라는 책을 예로 들면, 우선 제목 자제가 호기심을 유발하기 충분하다. 제목 그대로 아이에게 질문해 볼 수 있다.

엄마 : "뱀을 데리고 산책할 수 있을까?"

아들 : "아니."

엄마 : "뱀을 데리고 산책하지 말라고 하는데, 왜 그럴까?"

아들 : "뱀이 사람 잡아 먹을 수도 있잖아."

엄마 : "만약 뱀을 데리고 산책하면 어떻게 될까?"

아들 : "내가 뱀을 다 잡아버릴 거야."

엄마 : "그림 보니까 뱀 엄청 크다."

아들 : "진짜 기네."

이렇게 제목과 표지 그림 하나만으로도 질문이 오가고 대화가 이어진다. 엄마가 일방적으로 대화를 주도한 것처럼 보이지만, 그래도 괜찮다. 질문의 목적은 엄마의 젖은 머리를 말리며 얼굴에 로션도 찍어 바르는 시간을 버는 것이니까. 그래도 엄마의 질문을 듣고 아이는 그림을 유심히 쳐다보며 관찰력도 기르고 상상력도 발휘하는 기회를 얻게 된다.

혹시 아이가 빨리 첫 장을 넘기려고 한다면 무언가 발견한 듯 능청스레 연기를 해보자. "어 잠깐! 여기 이 그림 이상한데? 뱀 몸에 줄을 왜 달아둔 거지? 00이는 뭐라고 생각해?" 이 질문에 아이는 한 번 더 그림을 자세히 보고 잠시라도 생각해 볼 것이다.

질문에 대한 답은 해도 좋고 안 해도 좋다. 잘 모르겠다는 대답이 돌아오면 또 육아의 달인답게 능청을 떨자. "엄마도 잘 모르겠네. 읽어보면 알게 되겠지."라고 하며 이제 머리 말리기와 로션 바르기를 마무리하고 첫 장을 넘겨 읽어주면 된다. 질문은 이렇게 운만 띄어주고 아이가 생각하도록 해줘도 충분하다. 이 책은 뱀뿐만 아니라 돼지, 코끼리, 침팬지, 토끼, 개구리 등 다른 여러 동물들을 데리고 밖에 나가면 어떻게 되는지 동물의 특징에 맞추어 이야기하고 있다. 그리고 마지막 페이지에서 이렇게 끝맺는다.

> 걱정 없는 즐거운 시간을 보내고 싶다면 말야. 방법은 딱 한 가지야. 동물들은 모두 집안에 남겨 두고, 가족들하고만 나가는 거지.

여기서 또 하나의 질문을 던져볼 수 있다.

"00이도 동물들은 집에 두고 엄마아빠랑 나가는 것이 좋다고 생각해?" 혹은 "00이는 이 중에 데리고 산책 나가고 싶은 동물 있니?"

혹시 아이의 대답이 동문서답이라 걱정인 엄마들이 있을지도 모르겠다. 아이의 답이 전혀 창의적이지 않고 오히려 엉뚱해서 걱정인가? 엄마가 원하는 답이 나오지 않아 실망인가? 그럼 어떤가? 어차피 아이는 엄마가 바라는 대로만 자라는 존재가 아니지 않은가! 책을 매개로 이어지는 대화 속에서 책에 대한 흥미도 잃지 않고 엄마와의 시간을 즐길 수 있으면 그것으로 충분하다.

여기서 말하는 '질문하기'는 독후활동이 아니다. 책의 내용을 제대로 기억하고 있는지 확인하기 위한 질문은 제발 참아주기 바란다. 확인을 위한 질문은 아이에게 부담만 줄 뿐 전혀 득이 되지 않는다. 한 번 더 말하지만, 여기서 질문의 목적은 바쁜 엄마가 소소한 것을 할 수 있는 여유와 시간을 벌어주는 것이다. 아이의 사고력과 상상력은 덤으로 따라온다. 그러니 부담 갖지 말자.

질문하기는 절대 어렵지 않다. 대단한 질문을 할 필요도 없고, 어려운 질문을 할 필요는 더더욱 없다. 그저 별것 아닌 것처럼 보이는 질문을 통해 우리 아이와 대화를 나누고 살을 맞대며 책을 읽어줄 수 있는 소중한 시간을 보냈다는 것만 기억하면 된다.

오늘부터 아이에게 단순히 글자만 읽어주는 것이 아니라 질문을 해보자. 어떤 질문도 괜찮다. 주저하지 말고 질문하자. 질문을 던지는 것만으로 엄마에게는 시간을 벌어주고, 아이에게는 생각할 시간을 준다. 질문 하나로 책 읽는 즐거움과 재미를 느끼게 되는 놀라운 경험을 아이에게 선사하게 될 것이다.

따라 쓰기 - 글자에 노출되는 가장 강력한 비법

인간의 모든 불행과 불만은 타인과의 비교에서부터 비롯된다고 해도 과언이 아니다. 내 아이의 책 읽기에 대한 조급증과 불안 또한 다른 집 아이와의 비교에서부터 시작된다고 할수 있다. 소위 '옆집 아이'라 불리는 다른 아이와 비교하면, 초등학교 입학을 목전에 두고 있는 우리 아들은 글자를 깨우치는 데에 엄청 느릴지도 모른다.

세 돌이 지나 한글을 깨치고, 영어도 모자라 제 2 외국어까지 블라블라 말하는 TV나 책 속의 주인공들에 비해 우리 아들의 한글 깨치는 속도는 느려도 한참 느리게 보인다. 주구장창 책을 읽어주면 글자에 지속적으로 노출되어 한글을 자연스레 뗀다고 들었지만, 나름 책을 좋아하는 편인 우리 아들에게는 해당되지 않는 것 같다.

유아 대상으로 방영하는 한글교육용 프로그램인 EBS의 〈한글이 야호〉를 보며 한글을 깨쳤다는 아이도 여럿 보았다. 〈한글이 야호〉를 즐겨 보는 아들은 자음과 모음, 받침까지도 뿌미가 가르치는 대로 이해하는 듯 보이지만, 막상 읽을 수있는 글자는 몇 개 되지 않는다. 〈한글이 야호〉에서 출시된 워크북도 따로 구입해서 몇 번 해봤지만, 우리 아이는 별 흥미를 보이지 않아 그 워크북은 책장에서 잠자는 신세가 되었다. 이쯤 되면 한글 떼기가 아이 몫이 아닌 엄마의 몫인 것 마냥 슬슬 조급증이 생기기 시작한다.

시중에 나와 있는 한글 쓰기 교재들은 자음부터 시작해서 간단한 단어를 쓰는 것을 반복하는 패턴이라 우리 아들은 흥미를 보이지 않았다. 글자를 제대로 읽을 줄도 모르는데 반복되는 단어를 써보라고 하니 아직 서툴고 어려워서 재미를 느끼지 못한 것이다. 그래서 선택한 것이 재미있게 읽은 책의 제목을 써보게 하는 것이었다. 물론 이것도 처음부터 호응이 있었던 것은 아니다.

책 제목 중에서 그나마 받침이 적고 간단해 보이는 것을 엄마가 몇 글자 적으며 시범을 보여주는 것으로 시작했다. 옆에서 보고 있던 아들이 한 번 써보겠다고 하면 어려운 걸 혼자 썼으니 대단하다고 폭풍칭찬을 해주곤 했다.

아들이 『개굴개굴 개구리 킥』이라는 책의 제목을 쓴 적이 있었다. 아들은 볼펜을 다부지게 잡고 삐뚤빼뚤 한 글자씩 써내려가는 기특한 모습을 보여주었다. '개' 라는 글자가 3번이나 반복되고 '구' 에 받침 ㄹ이 들어가는 '굴' 이 2번이나 반복되지만 아들은 처음 써보는 글자인 것 마냥 반복되는 글자라도 열심히 보며 따라 썼다. 이때 엄마는 옆에서 지켜보다가 다 쓰고 난 아이에게 폭풍칭찬을 해주면 된다. 아직 손에 힘도 부족하고 글자도 읽을 줄 모르는 상태에서 애써서 쓴 것이니 기왕이면 오버해서 칭찬해 주면 더 좋다.

과잉칭찬은 오히려 자만심을 키워서 해가 된다고 하지만, 적어도 과잉으로 칭찬해 줄만한 일이 없는 평범한 내 아이에게는 적절한 과잉칭찬은 필요하다고 생각한다. 칭찬 몇 마디로 힘 하나 들이지 않고 아이가 작은 성취감을 느끼도록 도와줄 수 있다. 아들도 애써서 몇 글자 따라 써본 것이 자랑스러운지 남편에게 또르르 달려가 자랑스레 보여주곤 했다.

여기서 조심해야 할 점은, 글자 쓰는 순서가 맞지 않다고 해서 엄마가 그 자리에서 바로 고쳐 써주는 우를 범해서는 안 된다는 것이다. 내 경험으로 미루어볼 때, 처음 글자를 쓸 때부터 글자 쓰는 순서를 바로잡아주기 시작하면 아이의 의지와 자신감이 꺾여서 글자 쓰는 것을 힘들어 할 수 있다. 자신이 틀리게 적는 것을 알게 된 아이는 급기야 글자 쓰는 것을 거부하게 될지도 모른다. 그러니 몇 번 써본 뒤 자연스럽게 바로잡아주어도 된다.

아들이 쓴 삐뚤빼뚤한 글자를 보며 스스로에게 다짐하

곤 했다. 처음부터 욕심내지 말자고. 글자를 뚫어지게 보며 애써서 따라 쓰는 것만으로도 충분하다. 책의 제목이라도 한 글자 두 글자 쓰다 보면 가랑비에 옷 젖듯이 시나브로 익히게 될 것이라고 생각한다. 글자를 따라 그리며 연필 쥐는 법과 손에 힘주는 것을 스스로 익힐 때까지 그저 꾸준히 할 수 있도록 옆에서 지켜봐주면 된다.

학교 입학 전까지 1년도 채 남지 않은 기간 동안 기본 수 개념과 산수, 한글에 영어까지 남들만큼 언제 다 해줄 수 있을지, 사실 하나도 걱정되지 않는다면 그것도 거짓말일 것이다. 그래서 가끔은 나도 모르게 조급해지기도 한다. 하지만 조급해 한다고 해서 엄마가 할 수 있는 일은 별로 없다. 그저 아이를 닦달하기만 할 테고, 엄마의 재촉에 아이는 아이대로 학습 부담감에 짓눌리게 될 게다. 배우는 것이 즐겁기는커녕 새로운 것을 익히는 일이 재미없고 힘들어서 '하기 싫은 것'이라고 인식할지도 모른다.

장기전으로 보면 그게 더 두려운 일이다. 아직 노는 것이 더 즐겁고, 그래서 충분히 뛰어놀 수 있는 자유시간이 필요한 나이다. 초등학교와 중고등학교를 합쳐 12년의 학교생활이 기다리고 있는데, 시작도 전에 배움을 어렵고 하기 싫은 것이라고 머릿속에 새겨버린다면 그 시간들을 어떻게 버틸 수 있겠는가.

느려도 조급해 하지 말고 곧 깨우칠 때를 기다려보자. 내 아이가 느리다고 보는 것은 이미 다른 아이와의 비교에서 나온 평가이다. 내 아이는 본인의 속도대로 가고 있는데, 다른 아이와 자꾸 비교하여 재촉하게 되면 결국 넘어지게 된다. 정말 내 아이에게 맞는 책읽기 방법과 한글 떼기 방법은 따로 있다. 다른 집 아이와 비교하는 순간, 지금 내가 아이와 함께 누리고 있는 작은 행복과 일상은 아무것도 아닌 것이 되어버린다. 다시 한 번 말하지만, '옆집 아이'와의 비교는 절대 금물이다!

읽어주기 – 읽어주고 싶은 책 NO! 읽고 싶은 책 YES!

여기 금 1온스와 납 1온스가 있지? 둘 다 무게는 같지만 본질적 가치는 엄청나게 다르잖아? 마찬가지로 딸에게 책을 읽어주는 1시간과 친구랑 포커를 치는 1시간은 본질적으로 다른 가치를 지닐 수밖에 없어. (중략) 알다시피 뭔가를 선택한다는 것은 시간과 에너지를 투자해야 한다는 의미야. 그렇기 때문에 선택의 본질적 가치는 내가 남기고픈 유산에 얼마나 가까이 다가가게 해주는가에 바탕을 두어야겠지.

예전에 읽은 『하워드의 선물』에서 기가 막힌 예시에 감탄을 자아내며 읽었던 구절이다. 아이에게 책 읽어주는 시간과 친구랑 노는 시간을 비교한 덕분에 읽으면서 더 기억에 남았다. 내 아이에게 책을 읽어주며 교감하고 놀아주는 1시간은 친구랑 쇼핑하고 차 한잔하면서 수다를 떠는 1시간과는 비교할 수 없는 가치를 지닌다. 둘 다 일정한 시간과 에너지를 투자하는 것이지만, 가치의 효율성을 따져본다면 크게 고민할 필요가 없다.

마찬가지로 엄마가 읽어주고 싶은 책과 아이가 읽고 싶어 하는 책이 다르다면 어느 쪽을 우선시하는 것이 더 가치가 있을까? 먼저 명심해야 할 것은, 책을 읽어주는 행위는 '아이를 위한' 일이라는 사실이다. 엄마의 만족을 위해 혹은 엄마의 전적인 주도 하에 책읽기가 이루어져서는 안 된다는 것을 분명히 인식해야 한다.

스스로를 바보엄마라고 칭하는 『달팽이 책육아』의 저자

김윤희는, 책을 미치도록 거부했던 두 아들에게 매일 한 권의 책을 읽어주었다고 한다. 7년간 하루도 빠짐없이 매일 꾸준히 책 읽어주기를 실천한 결과 두 아들은 스스로 책을 읽는 '책바보'가 되었다.

　엄마의 욕심을 아이들에게 들키는 순간, 독서는 숙제고, 의무고, 타율에 의한 억지 교육이 됩니다. 강제 독서는 절대 길게 갈 수 없으므로 전략적이고 주도면밀한 독서 교육 계획을 아이들이 눈치 채지 못하도록 노력해 왔지요. 도서관에 갈 때도 아이들에게 책 읽으러 가자고 말하지 않았습니다. "엄마 책 빌리러 갈 건데 같이 가자."고 말했지요.

　저자는 아이들을 데리고　도서관에 가는 목적을 전면에 내세우지 않고 매일같이 습관처럼 도서관을 갔다고 한다. 엄마의 욕심을 들키지 말고 주도면밀한 전략을 세워서 책을 읽어주면 책 좋아하는 아이로 키울 수 있다고 확신을 담아서 말한다. 두 아들을 '책 바보'로 키운 노하우뿐만 아니라 저자의 흔들리지 않는 소신과 대단한 끈기를 엿볼 수 있는 이 책을 읽으며, 독서 자체가 또 하나의 사교육으로 변질될 수 있음을 알았다. 나 또한 연령별 또는 영역별 추천도서를 한글책과 영어책 모두 폭풍검색하며 집에 들이던 시절이 있었다. 사주고 나서 아들이 좋아하지 않으면 구매한 비용이 아까워 아이를 닦달한 적도 있었다. 다른 집 아이들은 다 본다는데 왜 우리 아이는 안 보려고 하는지 답답하기도 했다. 나도 모르게 아이를 위한 독서가 아닌 엄마의 주도 하에 이루어지는, 독서의 탈을 쓴 또 하나의 사교육의 경계까지 갔던 것이다.

그러다 어느 순간 탁 내려놓았다. 내려놓고 아이가 하고 싶은 대로 하게 두었다. 물론 내 맘을 내려놓으면서 걱정이 안 되었던 것은 아니다. 얼마나 목이 쉬도록 읽어줬는데⋯ 그게 아까워서라도 내려놓는 게 쉽지만은 않았다. 직장을 다니면서는 밀려오는 피곤함과 쏟아지는 졸음을 쫓아가며 읽어주었던 터라 스스로 내려놓기까지는 많은 연습이 필요했다. 그렇게 얼마간의 시간이 지나니 아들은 또 책을 들이밀며 읽어달라고 하기 시작했다. 물론 본인이 좋아하는 과학 영역의 책만 들이밀지만 말이다.

다시 만든 나의 철칙 중 하나는 읽어달라는 책을 읽어주기이다. 읽어달라고 하지 않는 책을 먼저 읽자고는 하지 않는다. 유치원에서 늦은 오후쯤 돌아오는 아들은 바로 책부터 찾지는 않는다. 여러 놀이를 하고 난 뒤, 보통은 잠들기 전 몇 권의 책을 읽어달라고 가져온다. 이제는 아들이 여러 놀이에 정신이 팔려 책 읽어달라는 말을 하지 않으면 어떡하나 걱정하지 않는다. 먼저 책을 읽자고 권유하지도 않는다. 잘 놀고 있는 아들에게 책을 들이밀었다가 몇 번인가 퇴짜를 맞아보았기 때문이다. 아이에게 읽어준 책 중에 아이가 재미있게 본 책을 눈여겨봐 두었다가 아이가 지겨워 보이는 찰나에 은근슬쩍 그 책 제목을 말해 볼 때가 있다. 아이가 그 책 제목을 듣고 눈을 반짝이며 읽어달라고 하면 읽어주고 그렇지 않으면 그냥 둔다.

엄마가 읽어주고 싶은 책을 읽어주면 듣지도 않을 뿐더러 귀를 막을 때도 있다. 차라리 읽어달라고 하는 책을 읽어주는 것이 몸도 마음도 편하다. 특히 밤에 잠들기 전에 읽을 책을 가져오라고 하면 아들은 공룡 책만 열 권 남짓 낑낑거리며 들고 오기도 한다. 낮에 봤던 책을 또 가져와도 그냥 읽어준다. 보다가 아들이 덮어버리는 책은 안 읽어주면 그만이다. "다 읽지도 않은 책을 왜 덮어?"라든가 "엄마가 읽어줄 땐 책을 쳐다봐야지!"라고 말하기 시작하면 아이는 책의 내용이 아니라 엄마의 잔소리만 기억하게 된다.

엄마의 불안과 걱정이 잔소리로 표출되면, 독서는 더 이상 엄마와 아이가 함께 즐기는 행위가 아닌 가르치고 강요하는 행위가 되어버린다. 하루에 정해진 시간 동안 정해진 권수만큼 책을 읽히고, 아이가 몇 권의 책을 읽었는지 자랑삼아 보여주고 있진 않는지 스스로를 돌아볼 필요가 있다. 독후활동이라는 이름 아래 각종 자료를 들이밀며 아이에게 독서뿐 아니라 독후활동까지 강요하며 독서의 즐거움을 스트레스로 변질시키고 있는 것은 아닌지 엄마 스스로 점검해 보자. 원하는 시간에, 원하는 책을, 아이의 자유 의지대로 읽을 수 있도록 하는 것은 쉬운 것처럼 보여도 엄마의 욕심을 내려놓고 마음을 비워야 가능한 부분이다.

아이가 읽고 싶어 하는 책을 읽어주는 것은, 무슨 책을 읽어줄지 고민하는 엄마의 수고를 덜어줄 뿐더러 엄마가 주도할 필요가 없도록 만들어준다. 엄마는 아이가 좋아할 만한 책을 선택할 환경을 제공해 주고 아이가 본인의 의사대로 선택한 책을 읽어주기만 하면 된다. 엄마가 읽어주고 싶은 책이 아니라 아이가 읽고 싶어 하는 책을 읽어주는 것이 제일 쉽다는 것을 명심하자.

4장

책 읽어주는 엄마의 힘

TV와 스마트폰 대신 책을 펼칠 용기를 낸 당신은
이미 박수 받아 마땅한 엄마이자 아내이다.
잠용의 시간을 독서로 채워 나가는 오늘의 모습에서
내일의 내가 만들어진다는 것을 잊지 말자.

가슴속 열정과 의지를 되살리고 싶다면 다시 책을 읽어야 한다.
책 속에서 조우하는 문장으로 당신의 가슴은 분명 널뛰게 될 테니까.

책 읽어주는 엄마의 욕심 내려놓기

책육아가 언제부터 성행했는지는 모르겠지만, 수많은 육아서가 한결같이 아이의 독서 습관이 중요하다고 강조하고 있다. 다만 거기에 덧붙여 자연스레 생기는 것이 바로 엄마의 욕심일 것이다. 책으로 육아한다는 엄마치고 욕심 없는 엄마가 과연 몇이나 될까?

앞에서도 밝혔듯이 나도 한동안 '책육아 엄마' 코스프레를 했었다. 지금이야 그 코스프레를 벗어던지고 그저 아들이 가져오는 책만이라도 열심히 읽어주려고 노력한다. 그래도 아직 미련은 남았는지, 가끔은 아들이 멍하니 있는 기회를 포착해서 책을 쓰윽 펼쳐 읽어준다.

아이를 낳고 몇 달이 지나 우연히 읽은 『지랄발랄 하은맘의 불랑육아』라는 책은 나에게 책이 무엇보다 우선이라는 인식을 강하게 심어주었다. '진정한 육아는 책을 통한 육아'라는 저자의 생각에 동감하며 그 책대로 육아를 하기로 마음먹었다. 그래서 연령대별로 맞는 책을 검색하고 중고로 구입해서 읽어주기 시작했다. 아들이 돌이 지난 시점부터는 장난감보다 책을 더 많이 사주었고, 책을 장난감으로 인식하도록 늘 거실에 펼쳐두고 읽어주었다.

아직 말도 못하는 아들이 열심히 손가락으로 가리키는 책을 목소리가 나오지 않을 때까지 읽어주고 또 읽어주었다. 『지랄발랄 하은맘의 불량육아』의 하은맘처럼 밤에 잠을 못 자서 다크서클이 무릎까지 내려와도 좋으니 밤늦도록 실컷 책을 읽어주고 싶었다. 그런 엄마 마음을 아는지, 어린 아들은 아침에 눈 뜨자마자 하품을 하며 책부터 펼치는 경이로운 모습을 보여주곤 했다. 엄마로서 아주 뿌듯한 순간이었고 '나중에 뭐라도 될 놈이겠구나'라고 생각했었다.

하지만 나중에 알았다. 아들은 다른 놀이를 많이 접하지 않아서 책 보는 것을 하나의 놀이로 인식했던 거였다. 다시 말하면 우리 아들은 다양한 놀이를 몰랐던 것뿐이었다.

그런 아들이 세 돌이 되기 전부터 반 년 넘도록 〈바다탐험대 옥토넛〉이라는 만화에 빠져서 책을 멀리한 시기가 있었다. 그 만화를 거의 1시간가량이나 보고도 또 보고 싶어 하는 아들을 몇 달간 야단을 치며 혼냈다. 그럴 때마다 너무 애가 탔고 뭐가 잘못된 건지 고민했다. 읽어줘야 할 책이 무궁무진한데 왜 그렇게나 그 만화에 빠져 있는지 이해할 수 없었다.

물론 책에 나오는 바다 생물의 이름과 모습, 특징까지 다 외우며 푹 빠져 있던 시기이기는 했다. 그럴지라도 TV를 1시간가량이나 보는 것은 허락하기 어려웠다. 그래서 나는 TV를 오래 보면 눈 건강에 안 좋다는 핑계를 댔고, 아이는 울면서 딱 30분만 보겠다고 약속하기도 했다. 하지만 눈만 뜨면 책을 보는 대신 TV를 보여 달라고 하는 날이 잦아졌다. 몇 달을 그렇게 재방송을 반복하며 보던 아들이 어느 순간 그 만화를 안 보기 시작했다. 재미없다고 꺼버릴 때가 많아지면서 그만 볼 시기가 드디어 온 것이다. 이때다 싶어 또 책을 들이밀었지만 그때는 영 시큰둥한 반응이었다.

그래서 아들이 볼 수 있도록 화려한 그림책을 일부러 펼쳐놓기도 했다. 이 책이 너무 재미있다고 혼자 쿡쿡 웃으며 읽는 척 티 나는 연기도 해봤다. 다른 놀이에 집중하는 아들에게 이제 그만 책 좀 보자고 억지로 품에 안아보기도 했다. 그럴 때면 아들은 잠시 책을 보기도 했지만 예전처럼은 아니었다.

이제는 안다. 그때는 혼자 해보고 싶은 것이 많아 주변을 탐색하며 다양한 놀이를 접하는 시기였음을. 그리고 그 만화도 그중 하나였음을.

자식 이기는 부모 없다고 아들이 원하는 만화를 보여주며 나는

'책육아 엄마' 코스프레를 서서히 내려놓기 시작했다. 아들에게 책을 읽어주는 것에는 아이를 위한다는 마음속에 엄마인 나의 욕심이 숨어 있음을 깨달은 것이다. 우리 아이는 책이 장난감이고, 눈만 뜨면 책부터 펼치고, 밤에 잠도 안 자고 책을 읽어달라고 해서 엄마인 내가 얼마나 피곤한지(속으로 얼마나 뿌듯한지) 아냐며 주위 사람들에게 괜히 으스대며 말했었다. 책도 안 읽어주고 아이를 밖으로만 놀게 하는 것은 방치이고, 부모의 교육방법에 문제가 있다고 단정지었다.

여기서 한 가지 더 밝히자면, 나는 아이가 말문이 트이기도 전에 영어책까지 들이밀고 읽어주며 엄마표 영어를 흉내 낸 엄마였다. 영어 과외를 10년이나 해온 실력이니 내 아이에게만은 영어책을 제대로 읽어줄 생각이었다. 영어에 능통하게 만들지는 못하더라도, 어릴 때부터 영어에 흥미를 가지고 영어를 좋아하는 아이로 만들고 싶다는 것이 솔직한 마음이었다.

그래서 영어노래부터 시작해서 까이유, 세쌍둥이 DVD, 바오밥, 각종 페이퍼북, 씽씽영어 그리고 튼튼영어까지… 여러 중고도서와 CD, DVD 등 꽤 많이 구입했었다. 책육아 엄마 코스프레 덕에 말을 막 시작할 무렵부터 영어책 또한 주구장창 읽어주는 것을 마다하지 않았다. 세쌍둥이 DVD를 틀어주면 엄청 집중해서 보는 아들 모습에 흐뭇하면서도 무슨 내용인지 알려주어야 하나 고민하기도 했다.

어느새 수십 개의 동물 단어를 말하기 시작하는 아들은 할아버지할머니에게도 자랑거리였다. 아들에게 자주 읽어준 영어책 속의 문장은 그 의미를 물어보면 알고 있는 것도 같았다. 아들보다 두 살 어린 아이를 키우는 동서도 나에게 비결을 물어왔다. 속으로는 괜히 으스대며, 읽어주는 것 외에 별 다른 방법은 없다고 말하기도 했다.

앞에서 밝혔듯이 게으른 엄마 덕에 다양한 활동을 접해보지 못한 아들은 눈만 뜨면 책부터 펼치던 시기가 있었다. 그때는 영어책도 더 열심히 읽어주었다. 인풋이 있으니 어느 순간 자동차를 굴리며 "It's rolling."이라는 놀라운 아웃풋을 하는 아들의 모습을 포착했다. 엄마인 나도 신기했다. 계속 노출시키고 읽어주었더니 정말 아웃풋도 된다는 생각에 정말 열심히, 끊임없이 읽어주었다.

하지만 거기까지였다. 엄마의 욕심을 알아차린 걸까? 혹은 네 살이었던 아들의 입에서 나온 아웃풋은 일시적인 것이었을까? 내가 게을러서 더 인풋을 못했기 때문일까? 한글책을 읽어줄 때보다 더 오만가지 생각이 떠올랐다. 솔직히 그때까지 읽어준 영어가 아까워서라도 그만둔다는 것은 쉽지 않은 결심이었다. 이제 보니 내 욕심이 맞았다.

책육아 엄마 코스프레를 벗으면서 영어에 대한 욕심도 같이 내려놓았다. 우리말도 능숙하지 않는 어린 아이에게 영어 욕심을 냈음을 인정한다. 시간이 꽤 흘렀고, 이젠 아들의 머릿속에 어떠한 영어단어도 남아 있지 않다. 원래 상태로 돌아온 것이니 아깝다는 생각은 하지 않겠다. 대신 때가 되면 서서히 영어에 흥미를 다시 붙여줄 생각이다. 그때가 언제일지는 모르겠지만, 단 한 가지는 확실하다. 서두르지 않고 엄마의 욕심부터 내려놓기.

참 부끄러운 고백이지만, 몇 년 전 나는 책이 최우선이고 '책'만으로도 육아가 성공한다고 믿었던 어리석은 엄마였다. 다양한 신체활동과 더불어 또래 관계에서 배우는 사회성의 중요성을 무시했다. 밥상머리 교육도 아직 어리다는 핑계로 넘어갔다. 옷을 입고 신발을 신는 등 스스로 해야 할 일을 혼자 힘으로 할 수 있을 때까지 기다려줘야 하는 것들도 책이라는 우선순위에 밀렸다. 오로지 책육아만이 정답이라고 철석같이 믿었다.

이제 일곱 살이 된 우리 아들은 신체활동이 많은 숲 유치원을 다니며 일주일에 두세 번씩 동네 숲을 누빈다. 신나게 흙 미끄럼틀을 탄 날은 바지에 누런 흙먼지가 잔뜩 묻어 하원한다. 자연을 벗삼아 또래 친구들과 놀고, 주말이면 가끔 아빠와 둘이서 동네 뒷산도 제법 잘 오른다. 집에서는 괴물로 변신한 엄마와 강력한 에너지를 가진 공룡으로 변신한 아들이 몸으로 싸움놀이를 하며 한바탕 뒹군다.

그리고 최근에 다시 〈바다탐험대 옥토넛〉을 보기 시작했다. 예전과 달라진 것이 있다면, 이제는 스스로 시간을 정해서 본다는 점이다. 이렇게 TV도 보고, 그림도 그리고, 변신놀이도 하며 노는 사이사이에 틈틈이 책도 본다. 이제는 정적으로 앉아서 책 보는 시간이 많지 않지만, 나는 더 이상 엄마의 욕심을 앞세워 책을 보라고 강요하지 않는다. 그저 아들이 읽어달라고 가져오는 책을 읽어줄 뿐이다.

아이를 키우다 보니 "다 때가 있다"는 어른들의 말씀을 조금씩 이해할 수 있게 되었다. 아무리 하지 말라고 해도 기어이 할 때가 있고, 아무리 하라고 해도 하지 않을 때가 있음을 자연스레 터득했다. 엄마가 애를 쓰고 기를 써도 되지 않는 때가 온다는 말이다.

엄마는 아이가 늘 책을 가까이 하고 읽기를 바라지만 아이에게는 책보다 다른 놀이가 더 흥미로운 시기가 있다. 그럴 때는 조급해 하지 말고 다른 놀이를 같이 해주면 된다. 그러다가 또 책을 읽어달라고 하는 시기가 오면 그때 읽어주어도 늦지 않는다.

잊지 말자. 책 읽어주는 것은 엄마의 욕심도, 엄마의 만족을 위해서도 아니다. 우리 아이를 위해 그저 읽어달라고 할 때 읽어주면 된다. 더도 덜도 말고 아이가 원할 때 읽어준다는 원칙 하나면 된다.

우리 집엔 책 읽어주는 엄마가 있다

요즘 '숲 유치원'에 대한 선호도가 높아지고 있는 추세라고 한다. 그런데 기본 교육비 외에 숲 활동을 위한 추가비용도 한 달에 몇 십만 원씩이나 든다고 하니, 너무 어린 나이부터 지출되는 사교육비에 가계가 휘청거릴 만하다.

하지만 아들이 다니는 금오유치원은 '숲, 생태, 그림책'의 세 가지를 기본 교육으로 운영하며, 한 달에 10만 원 내외의 기본 교육비 외에는 따로 드는 추가비용이 없는 숲 유치원이다. 아이들은 주 2~3회씩 근처 숲과 들판으로 반나절을 나가 자연을 벗삼아 맘껏 뛰어논다. 메뚜기와 여치를 손으로 덥석 잡으며, 손에 어느 정도 힘을 주어야 생명이 다치지 않는지도 익히게 된다. 계절마다 다른 숲을 두 눈으로 보고 온몸으로 체험하며 사시사철 변하는 자연을 관찰한다.

한두 달에 한 번씩은 〈온종일 숲날〉로 정해서 연령별로 소풍도 간다. 다행히 〈온종일 숲날〉에는 빈 도시락 통만 준비하면 되니 도시락 만드는 솜씨가 없는 나로서는 얼마나 다행인지 모른다. 물론 도시락을 준비해 가는 진짜 소풍날도 있다.

자연스레 책을 읽게 되는 환경도 만들어져 있다. 강당 쪽에 마련된 별별 어린이 도서관은 아이들의 호기심을 자극하기에 충분히 재미있는 그림책들로 가득 차 있다. 책 도우미를 자처하는 재원생 엄마들은 유치원 내에서 이루어지는 그림책 모임을 통해 책을 재미나게 읽는 실력을 갈고닦는다. 숨은 실력자이신 책도우미 엄마들의 목소리를 통해 아이들은 그림책을 일주일에 한 번씩 귀로 듣고 눈으로 만난다. 책을 늘 가까이하는 금오유치원 아이들에게 글자를 깨우치는 것은 어쩌면 시간문제일지도 모른다.

입학 설명회 때부터 유치원 이사장님과 원장선생님이 누누이 강조하신 부분은 '자연과 함께하는 놀이 중심'의 교육관과 '선행학습을 하지 않는다'는 교육 소신이었다. 한글을 비롯한 수학도 가르치지 않으니, 소신 있는 엄마들만이 이곳을 선택할 수 있다는 생각이 든다. 여기서 미리 밝혀두자면, 선행학습이란 학습지를 통해 이루어지는 교육을 의미한다. 아이들은 숲에 가면 만날 수 있는 잎사

귀, 낙엽, 꽃, 열매, 도토리 등을 고사리 같은 손으로 직접 주워 일일이 헤아리고 셈을 하며 자연스레 수 개념을 터득해 간다. 자연과 함께 기본적인 수 개념에 대한 학습이 이루어지고 있으니, 선행학습을 하지 않아 기본 학습이 소홀할 것이라는 오해는 없기 바란다.

수학과 영어 관련 학습지를 하지 않으니, 주변 정보에 팔랑 귀를 가진 엄마들이라면 선호하지 않을 수도 있다. 하지만 '책과 숲·생태'라는 두 가지 테마만으로도 충분한 유아교육을 받는 금오유치원 아이들은, 어쩌면 앞으로 겪게 될 무한경쟁 이전에 마음껏 뛰어놀 수 있는 기회를 선점한 것과 같다. 그 속에서 친구들과의 협동심과 배려심도 함께 배울 수 있고, 공부만으로 얻기 힘든 것들을 미리 체득할 수도 있다. 2017년 여름에는 전국에서 몇 안 되는 모험놀이터도 개장했다.

숲과 자연을 사랑하는 마음을 갖고, 숲에서 얻을 수 있는 자연물로 다양한 활동과 놀이를 하기 위해 늘 연구하고 고민하는 선생님들의 모습을 보면서 나는 아들을 금오유치원에 보낼 수 있었던 것은 정말 행운이었다고 생각한다.

아이는 엄마를 무척 좋아합니다. 걸핏하면 혼내는 엄마라도 말이지요. 엄마는 아이를 혼냅니다. 때로는 감정적으로 혼낼 때도 있습니다. 착각해서 혼낼 때도 있습니다. 그래도 아이는 엄마를 좋아합니다. 엄마에게 혼난 아이는 울면서 잠이 듭니다. 천사처럼 잠든 얼굴을 보면 엄마는 '아, 왜 그런 심한 말을 하고 말았을까.'라고 생각합니다. 그런 엄마를, 아이는 용서해 줍니다. 몇 번이고 몇 번이고 용서해 줍니다. 그리고 웃는 얼굴로 "엄마가 정말 좋아." 하고 말해 줍니다.

    – 미야니시 다쓰야 『엄마가 정말 좋아요』 작가의 말 중에서

    유치원에서는 생일을 맞은 아이에게 사랑이 담긴 편지와 함께 책을 한 권씩 선물로 주는데, 아들이 여섯 살 생일에 받은 『엄마가 정말 좋아요』라는 책에 적힌 작가의 말을 읽고 참으로 공감이 되었다. 항상 엄마가 아이의 잘못을 용서한다고만 생각했는데, 감정적으로 화를 내고 착각해서 혼내는 엄마를 '아이가 용서해 준다'는 말에 가슴이 뜨끔했다. 엄마가 혼을 내고 화를 내도 아이에게는 '단 한 사람'인 엄마이기에 이내 그런 엄마를 용서하고 활짝 웃으며 먼저 다가온다는 것을 왜 그제야 깨달았는지….

    뭐가 맘에 안 들었는지 여섯 살답지 않게 떼를 쓰며 울기만 하는 아이 모습에 지쳐가던 어느 날, 역시나 아들이 먼저 언제 그랬냐는 듯 내 무릎에 앉아 나를 꼭 안아주었다. 엄마 품이 좋다면서 나를 바라보며 활짝 웃는 아들 얼굴에 뾰족했던 마음이 녹아들면서 다시 힘을 내보자 다짐했던 적이 있었다.

데일카네기코리아의 이사이자 대표 강사인 송지수가 쓴 『일하는 엄마는 오늘도 꿈꾼다』를 보면 이런 내용이 나온다.

> 엄마, 난 나비가 아니에요. 발레 선생님이 나비처럼 날아보자고 했는데 이상했어요. 나는 나비처럼 날 수 없어요. 친구들이 다 쳐다보고 있는데 나비가 되어야 하는 게 쑥스러웠어요.

발레시간에 매트 위에서 꼼짝도 안 하고 있는 딸의 모습에 화가 난 저자가 하얀색 옷걸이로 발바닥을 때리자 울면서 딸애가 한 말이다. 프로필 속의 활짝 웃는 얼굴처럼 자신만만하고 모두가 우러러볼 만한 자리에 있는 워킹맘인 그녀가 겪은 육아의 힘든 점이 나랑 비슷해서였을까, 아이의 말을 읽으면서 눈물이 계속 나서 혼난 적이 있다.

읽는 순간 우리 아들에게도 들어맞는 말일지 모른다는 생각이 들었다. 아들에게 이렇게 해보자 저렇게 해보자 강요했던 것들이 아들 입장에서는 자신의 생각에 맞지 않아서 입술을 삐죽거리며 표정이 굳어버린 것은 아니었을까. 나비가 아닌데 나비처럼 날아보라니, 아이의 입장에선 정말 이해할 수 없었을 것이다. 난 우리 아들에게 얼마나 무수히 나비처럼 날아보라고 강요했을까, 후회가 밀려왔다. 그리고 나만 그런 것이 아니라 저자도 같은 생각이라는 것에 묘

한 환희와 함께 공감과 반성이 뒤섞인 뜨거운 눈물이 흘렀다.

꽃을 보고 좋아하면 꽃이 기분이 좋습니까? 내가 기분이 좋습니까? 내가 기분이 좋습니다. 상대를 좋아하면 내가 좋습니다. 행복도 내가 만들고 불행도 내가 만드는 것입니다.

법륜 스님의 말씀처럼 아이에게 책 읽어주는 시간이 결코 엄마에게 도움이 되지 않는 것은 아니다. 그림책과 동화책은 아이의 시각에서 어른들이 만들어낸 책이지만, 어른의 입장에서도 충분히 많은 생각을 하게 해준다. 그림책과 동화책을 읽어주며 엄마가 아이보다 먼저 감동받아 기분이 좋아질 때도 있다. 알면서도 알지 못했던 것을 다시금 깨닫고, 육아로 상처받고 힘들었던 심신도 따스한 그림에서 위로받는다. 책 읽어주는 엄마들이야말로 아이와 함께 생각하는 힘을 키우는 시간을 만들어가고 있는 것이다. 그러므로 이 세상의 모든 책 읽어주는 엄마들은 위대한 엄마의 모습에 한 발씩 다가가고 있음에 분명하다.

아이가 잠들면
아내가 책을 펼친다

언젠가 아들이 사과를 먹다가 눕더니 어느새 잠든 적이 있었다. 그런 아들 옆에서 읽다만 책 『소설처럼』을 펼쳐 보다가 이내 한 구절이 눈에 들어왔다.

> 우리는 아이에게만은 소설가였고 유일한 이야기꾼이었다. 우리가 저녁마다 들려주는 이야기를 들으면서 아이는 꿈의 나래를 펼치며 밤의 장막 속으로 빠져들었다. 우리는 아이에게 더할 나위 없이 훌륭한 책이었다.

곰곰이 생각해 보니 아들이 어렸을 때 난 소설가처럼 이야기를 만들어 들려주는 이야기꾼 엄마였다. 나는 아들이 돌도 되기 전부터 잠자리에서 온갖 이야기를 즉석에서 만들어 들려주곤 했다. 재우려는 목적으로 최대한 나직한 목소리로 이 이야기 저 이야기 잘도 꾸며댔었다. 이를테면 이런 식의 이야기였다.

"엄마가 저번에 뒷산에 올라갔는데 새소리가 들렸어. 어디서 나는 소리인가 싶어서 두리번거렸는데 새가 잘 안 보였어. 그래서 계속 이 나무 저 나무 두리번거리다가 저쪽 나뭇가지에서 새를 찾았다! 어쩌고저쩌고…"

여기서 새를 다람쥐나 청설모, 쥐, 아기토끼 등등 수많은 다른 동물들로 바꿔서 도토리, 나뭇잎, 열매 등으로 살짝 살을 보태 이야기를 만들어갔다. 특별한 내용도 없는 이 이야기를 아들은 아주 좋아했고, 이야기를 듣는 동안 오히려 더 말똥말똥해져서 재우는 데 애를 먹은 적도 있었다. 말문이 트일 때쯤에 들려준 〈곶감을 무서워한 호랑이〉 이야기는 뭐가 그리 재미있는지 중간 스토리를 건너뛰면 아들이 먼저 눈치를 채고 빼먹은 내용을 말하기도 했다.

먹이고 재우고 씻기고 데리고 다니느라 모든 것이 힘들게만 느껴졌던 영유아 시절이지만, 지나고 보니 그 힘든 시간보다 더 기억에 남는 것이 잠자리에서 들려준 스토리텔링이다. 그 덕분인지 지금 아들은 어떤 이야기든 두 번 정도 듣거나 책을 몇 번만 읽어주어도 내용을 꽤 잘 기억해서 전달하는 편이다. 남자아이치고 언어구사력과 표현력이 심상치 않은 건 어쩌면 어릴 때 엄마가 이야기꾼이 되어 들려준 스토리텔링과 목 아프게 읽어준 책 덕분인지 모른다.

나는 비록 소설가도 입담꾼도 아니지만, 우리 아이에게만큼은 무궁무진한 이야기를 밤새 들려줄 수 있는 세상에 하나뿐인 이야기꾼 엄마이다. 그리고 아이는 나의 이야기에 귀 기울이는 첫 번째 독자이면서 청중이다. 이렇게 엄마와 아들은 소설가와 독자였으며, 이야기꾼과 청중이었다. 앞으로 또 어떤 변화무쌍한 모자 사이가 될지 예측할 수 없지만, 언제까지고 아들과 많은 대화를 나누는 엄마가 되고 싶은 바람은 있다.

> 아이를 키우고 가족을 돌보는 엄마들은 잠자는 용의 시기 즉 잠용의 시기를 보내고 있다. "아이 키우며 집에 있어요."가 아니라 내 안에 천재성이 잠들어 있는 잠자는 용이 존재한다고 생각하라. 용은 무리 지어 다니지도 않고, 기죽지도 않으며, 남들과 비교도 하지 않는다. 사람마다 주어진 상황이 다르기 때문에 그 상황에 맞게 잘 살면 된다.

김미경 스타강사가 "위인은 잠용의 시기에 태어난다"고 말하며 덧붙인 내용이다. 지금은 아이를 키우느라 어쩔 수 없이 육아에 갇혀 있는 집순이처럼 보이지만, 잠시 휴식을 하는 잠용의 시기일 뿐이라고 엄마들에게 힘과 용기를 전했다. 김미경 강사 또한 잠사는 용의 시간에 하루 한 시간씩 책을 읽으며 보냈다고 언급했다.

나 또한 아들을 재우며 다행히 같이 잠들지 않은 날에는 이불 밖으로 살그머니 빠져 나와 거실에 다시 불을 켜고 읽다만 책을 펼치곤 한다. 처음에는 공감하고 위로받으려고 읽기 시작했다. 그 다음에는 나의 편협하고 왜곡된 생각을 조금이나마 깨트려보고자 책을 읽었다. 독서는 이 책을 쓰는 와중에도 놓지 않고 있는 것 중 하나이다. 책이 아니었다면 좁은 인간관계와 내가 겪은 적은 경험치 속에서만 맴도는 생각에 갇혀 그 이상의 다양한 삶을 보지 못했을 것이고, 유연한 사고를 하기도 어려웠을 것이다.

예전의 나는 책 대신 TV를 켰다. 이리저리 채널을 돌리다가 몇 번이나 봤던 드라마 재방송을 또 보거나 그것도 재미없으면 예능 프로그램 재방송을 넋 놓고 봤다. 그러다가 문득 시계를 보면 자정을 넘어 새벽 1시가 되어 있었다. 그렇게 잠이 들면 출근 준비하기에도 빠듯한 시간에 겨우 일어나곤 했다. 그저 출근하기 바빴고, 그렇게 또 정신없이 하루를 시작했다. 그리고 퇴근해서는 더 정신없는 저녁시간을 보내다가 아이가 잠들면 또 슬그머니 TV 속으로 들어갔다. 그렇게 나 스스로도 '이건 아닌데'라는 생각이 드는 생활을 간신히 이어 나갔다. 그러면서도 '이건 진짜 아닌데'라며 한숨만 내쉬었다.

벗어나고 싶었지만 용기가 나지 않았다. 바꾸고 싶었지만 주저했다. 다시 책을 읽어야겠다는 생각은 했지만, 책을 읽으면 나의 초라한 모습을 직면하게 될까 봐 두렵기도 했다. 그렇지만 결국 나는 다시 책을 펼쳤다. 감히 성공적이라고 말해도 될까 싶지만, 결과는 더 나은 방향으로 흘러가고 있다.

방법은 이미 내 안에 갖고 있었는지도 모른다. 다만 그 방법을 확신하기까지 무수한 고민을 거치며 잠용의 시기를 지나왔고, 현재도 잠자는 용의 시기는 지나고 있다. 이 책을 읽는 당신도 그 잠용의 시기를 거치고 있을 것이다. 그 시기 동안 옆집 아줌마와 커피 한잔하며 아까운 시간을 흘려보내고 있다면, 이제부터라도 아이가 잠들면 책을 펼쳐 읽어보길 간곡히 권한다. 독서를 통해 내가 하고 싶은 것은 무엇일까 고민하고, 나를 발전시킬 생각과 준비를 하며 알찬 잠용의 시기를 보낼 수 있기를 바란다.

무엇보다 먼저 이 책을 펼칠 용기를 낸 당신의 앞날은 이미 밝다. 시작이 반이다. 책을 펼치고 부족한 나를 마주할 용기를 낸 당신은 어제보다 조금 더 나은 모습을 만날 기회를 이미 손에 쥐었다. 아이가 잠든 밤시간이든 이른 아침시간이든, TV와 스마트폰 대신 책을 펼칠 용기를 낸 당신은 이미 박수 받아 마땅한 엄마이자 아내이다. 잠용의 시간을 독서로 채워 나가는 오늘의 그 모습에서 내일의 내가 만들어진다는 것을 잊지 말자.

독서 슬럼프?
내 마음부터 알아차리기

몇 년 전 TV 광고로 눈길을 사로잡았던 메리츠화재의 걱정인형
이 인기를 끌었던 적이 있었다. 광고 속에서 작은 걱정인형들은 "걱
정은 우리가 할게요. 당신은 행복하기만 하세요!"라고 말하며 사람
들의 시선을 사로잡았다. 이 인형들은 출시되자마자 메리츠화재의
인지도를 높여주었고, 오프라인 매장에서 걱정인형을 구매하고 싶
다며 사람들의 문의도 많았다고 한다.

이 인형은 과테말라 인디언의 워리 피플(worry people) 스토리
에서 유래되었다. 과테말라의 한 할머니는 잠을 못 이루는 아이에
게 실로 만든 인형을 주며 "걱정인형에게 걱정을 말하고 베개 밑에
둔 채 잠을 자면 걱정이 없어질 거야."라고 말했고, 아이는 이 인형

덕에 잠을 푹 잘 수 있었다. 실제로도 과테말라는 워리 피플 인형을 관광상품으로 판매하고 있다고 한다.

요즘은 일주일에 2권 정도의 책을 읽고 리뷰도 최대한 남기려고 하는데, 가끔은 바쁜 일상에 치이거나 각종 집안행사로 책 한 장 넘겨보지 못할 때가 있다. 며칠 동안 책을 펼쳐보지 못한 채 시간을 보내고 나면 독서 슬럼프가 온 건 아닌지 생각해 본다. 직장에 매여 있던 동안에는 꼭 업무가 바쁘지 않더라고 이런저런 이유로 책에 집중하지 못하고, 주말에도 밀린 집안일을 하고 아이와 시간을 보내다 보면 책 읽을 여유도 책에 집중할 에너지도 남아 있지 않아 멍하니 시간을 흘려보낼 때가 있다.

그렇게 시간이 어영부영 지나가면 내가 무슨 책을 읽다 말았는지 깜빡하기도 하고, 읽다만 책에 다시 집중해서 읽기까지 마음을 다잡기 어려울 때도 있다. 또는 읽던 책이 재미가 없거나 어려운 내용이었다면 그 책을 다시 펼치기까지 꽤 오랜 시간이 걸리기도 했다. 이렇게 마냥 책에서 손을 놓고 있다 보면, 중요하진 않지만 왠지 내가 해야 할 것 같은 온갖 일들이 생기고 도통 책 읽을 시간을 내지 못할 각종 핑곗거리도 자꾸 생긴다.

아이가 혼자 잘 노는 걸 보고 책을 펼치면 어느새 아이가 달려들며 같이 놀자고 한다. 책을 펼쳐 막 읽기 시작했는데 시댁이든 친정이든 전화가 와서 내가 처리해 줬으면 하는 일을 던져주기도 한다. 나중엔 내 주위의 모든 상황이 내가 책을 펼치지 못하게 온 힘을 다 쏟고 있는 것처럼 느껴질 정도가 된다.

이럴 때마다 '다들 사는 게 그렇지 뭐'라며 그 상황에 대해 객관적으로 고민해 보지 않고, 그 상황을 벗어날 노력도 하지 않는다면 어떻게 될까? 이왕 바빠진 거 일상에서 애써 책을 읽으려 하지 않아도 되니 오히려 심신이 편해질까? 내 주위를 감싸고 있는 각종 방해요소를 그저 받아들여야만 하는 걸까?

비단 책 읽기에만 국한되는 것이 아니다. 마음먹고 운동을 시작하려고 며칠 운동화를 신고 나가보지만 이내 궂은 날씨와 피곤함이라는 방해요소로 '오늘은 건너뛸까?'라는 마음이 굴뚝같을 때가 분명있다. 영어공부든 무슨 공부든 새롭게 마음을 먹고 책상 앞에 앉아보지만 때마침 좋아하는 배우가 나오는 드라마가 시작되기도 한다.

이왕 시작했으니 제대로 한번 해보려고 마음먹었는데, 갑작스러운 일정 변경으로 시간이 나지 않거나 피곤에 지쳐 하고 싶은 마음과 에너지가 생기지 않으면 도대체 어떻게 해야 할까?

일단 먼저 생각해 볼 것은, 무엇이 마음속 열정과 의지를 꺼트렸는지, 어떤 일로 내 마음이 흐려졌는지 곰곰이 따져보는 것이다. 어제 있었던 일 중에 마음 쓰이는 것은 없었는지 혹은 일주일 내로 겪었던 심경의 변화는 무엇이었는지 생각해 본다. 때론 오늘 오전에 있었던 일도 상기시켜 보기를 추천한다. 분명히 내가 알아차리지 못한 어떠한 원인이 빠끔히 고개를 내밀고 있을 것이다.

우리 주위에는 예상치 못한 수많은 변수가 늘 존재하기 때문에 무슨 일이 언제 어떻게 생길지는 아무도 모른다. 곰곰이 생각하고 따져보고 기억을 더듬어보지 않으면, 나에게 무슨 일이 있었고 그로 인해 어떤 감정을 겪었는지 알아채지 못하고 지나가버릴 때가 많다. 바쁘게 돌아가는 하루하루를 보내다 보면 눈 깜짝할 새 일주일, 어느덧 한 달이라는 시간이 흘러가 있다. 그만큼 우리는 각자의 역할에 주어진 많은 일들을 안팎으로 해결하고 있고, 정신적으로 많은 감정을 쓰나미처럼 겪고 있다. 시간을 내어 잠시 생각해 보지 않으면, 며칠 전의 어떤 일로 지금까지 내 기분이 가라앉아 있는지 깨닫지 못하기 일쑤다.

나 같은 경우에는 출퇴근길 운전 중에 이런저런 생각을 많이 했다. 아침에 바쁜 출근 준비로 아이한테 인사를 제대로 못한 건 아닌지 더듬어보고, 인사를 못했다면 퇴근 후에 제대로 인사도 하고 안아줘야겠다고 생각했다. 업무 관련된 일 중에 깜빡하고 있던 것이 생각나면 그날 안에 꼭 처리할 일을 염두에 두기도 했다. 퇴근길에는 하루 중 어떤 일로 내 마음이 흐트러졌는지 혹은 내 마음이 삐뚤어져 말까지 삐뚤게 한 것은 없었는지 되짚어보곤 했다.

우리는 혼자 살아갈 수 없는 사회적 존재이다. 반드시 누군가는 만나고 전화를 하고 문자를 주고받으며 크고 작은 커뮤니케이션을 한다. 혹은 개인적으로 직접 대면하지 않더라도 인터넷 상에는 온갖 사건사고와 확인되지 않은 각종 이야기들이 판치고 있다. 어쩌면 모두 사람이 만들어낸 말과 행동과 갖가지 일들이 우리 마음을 어지럽히고 있는지도 모른다.

무엇 때문에 내 마음의 여유가 나지 않는 것인지, 어떤 생각으로 내 의지가 꺾여버린 것인지, 그리고 누구와의 일 때문에 내 에너지가 소진되어 정작 내가 하려고 한 일을 못하고 있는 것인지 객관적으로 바라보지 않으면 안 된다. 순간적인 마음속 감정에 휩싸여 내가 하고 싶은 것도, 내가 해야 하는 일도 제대로 못한다면 얼마나 아까운 에너지를 낭비하는 꼴인가?

앞에서 이야기한 독서 슬럼프로 돌아와 보자. 왜 내가 책 읽을 시간과 여유가 없었는지, 어지러웠던 마음의 원인을 알아차리고, 내 주변 상황과 감정 정리가 어느 정도 되었다면 다시 책을 펼쳐보자. 광고 속 걱정인형의 말처럼 마음속 걱정, 근심, 두려움, 핑곗거리를 차곡차곡 모아 걱정인형에게 쏟아주고 새롭게 시작하면 된다. 내 마음을 흔들어댔던 걱정과 불평불만, 해결할 수 없는 미래에 대한 불안과 같은 감정은 알아차리기만 해도 가라앉을 때가 있다. 어지러웠던 마음이 정리정돈이 되고 편안해지면 책을 펼칠 심적 여유도 생긴다.

업무 처리로 정신없이 바빴다면 점심시간에라도 근처 조용한 카페에서 책을 펼쳐 잠시 집중하는 시간을 가져보자. 집에서는 아이 때문에 독서에 집중하지 못하겠다면 차라리 아이와 실컷 놀아주며 시간을 보내는 것이 나을 것이다. 혹은 남편이 있을 때는 아이를 맡기고 조용한 카페나 도서관에 가서 책을 읽는 방법도 있다. 울려대는 SNS 메시지로 방해를 받는다면 책 읽을 동안만이라도 알림을 무음으로 설정해 보자. 시댁이나 친정에서 부탁하는 일 중에 그 자리에서 해야 되는 일이라면 우선적으로 처리해야겠지만, 그렇지 않은 일이라면 제쳐두고 다시 책에 집중해야 할 것이다.

쥐도 새도 모르게 가슴속 열정과 의지가 살며시 가라앉았다면 다시 책을 읽어야 한다. 책 속의 단 몇 줄이 내 마음을 다시 울렁대고 널뛰게 만들어주기 때문이다. 분명 가슴에 꼭 박히는 단 한 문장에 서서히 시동이 켜질 것이고, 더 읽다 보면 활활 타오르게 되어 다시 가속 페달을 밟을 수 있게 된다.

어쩌면 꽤 오랜 슬럼프를 겪은 당신이 다시 책을 펼치기까지는 또 수많은 시도가 있을지 모른다. 하지만 그 수많은 시도 끝에 읽은 책이 당신의 집 나간 열정과 의지를 불러오고, 마음속 엔진에 기름을 부어놓을 것임에 틀림없다. 독서 슬럼프는 내 마음부터 알아차린다면 다시 책으로 극복할 수 있음을 기억하자.

독서모임,
당신도 리딩맘프가 될 수 있다

1998년 5월 멕시코의 한 프로레슬링 경기장에서 늙은 레슬러의 은퇴식이 있었다. 1975년 프로레슬러에 입문해서 항상 황금색 가면을 쓰고 경기를 했던 선수의 별명은 '마법사의 폭풍'이었다. 화려한 분장과 현란한 개인기 그리고 위기의 순간마다 다시 일어나 상대선수를 제압하는 힘은 많은 관중들을 열광시켰다.

23년 동안 활동해 온 '마법사의 폭풍'은 어느새 53세의 중년이 되어 은퇴를 맞이했다. 그는 마지막 은퇴경기를 마치고 황금가면을 벗으며, 자신을 작은 성당의 신부라고 소개했다. 프로레슬러로 경기를 하는 동안 코가 부러지고 갈비뼈에 금이 가기도 했지만, 신부라는 신분을 감춘 채 레슬러로 활동하며 보육원 아이들 3천 명을 경제적으로 지원할 수 있었다고 밝혔다.

아이들에게 꿈과 희망을 줄 수 있어서 행복했다는 멕시코의 프로레슬러 세르지오 구티에레스 신부의 이야기는 사람들에게 감동을 준다. 자신이 가진 것을 다른 사람들과 함께 나누고 도움을 주는 신부이자 프로레슬러의 모습을 글로 읽은 당신 또한 마음이 따뜻해지는 것을 느낄 것이다. 이처럼 아주 짧게라도 선행의 모습을 보는 것 혹은 선행의 글을 읽을 동안의 정신적인 변화에 대한 흥미로운 실험이 있었다.

1988년 미국 하버드대학교의 의과대학에서 학생들에게 마더 테레사의 일대기를 그린 영화를 보여주거나 전기를 읽게 한 뒤 침속에 들어 있는 면역항체 'Ig A' 수치 변화를 조사해 보았다.

'Ig A'는 근심이나 긴장 상태가 지속되면 침이 말라 줄어든다고 알려져 있는 항체이다. 실험 결과 면역 수치가 모두 실험 전보다 일제히 높게 나타났다. 이처럼 다른 사람이 봉사하는 모습을 보거나 관련되는 내용의 책을 읽기만 해도 면역 수치가 높아지는 신체적 변화를 겪을 수 있고, 정신적으로도 고결하고 충만해짐을 느낄 수 있다. 이 효과를 봉사와 사랑을 베풀며 일생을 보낸 테레사 수녀의 이름을 따서 '마더 테레사의 효과'라고 부른다.

자신이 가진 재능을 발휘해서 다른 사람과 나누고 도움을 줄 수 있는 길은 많다. 독서모임을 통해서도 이것은 충분히 가능하다. 혼자 책을 읽고 느끼고 생각하는 일방적인 읽기에서 벗어나, 같은 책을 읽고 느낀 생각과 마음 깊이 새겨진 내용들을 모임을 통해 다른 사람들과 이야기하고 나눠볼 수 있다.

『매일 읽겠습니다』를 쓴 황보름 작가의 인터뷰 기사를 읽은 적이 있다. 그중에 '생각의 부딪침'이 독서모임의 가장 큰 묘미라고 말한 것에 고개를 끄덕이며 공감한 기억이 있다. 책을 읽으면서 내 안에서 일어나는 나만의 생각들을 혼자 담고 있다 보면, 그 생각이 틀린지 맞는지 아리송할 때가 있다. 저자는 "책을 통해 자신이 어떤 생각을 해냈다는 것만으로도 기뻐서 그 생각을 고수하지만, 독서모임에서 이야기를 나누다 보면 나의 의견의 허술하다는 것이 드러나는 두려운 순간을 맞이할 때도 있다."고 밝혔다.

결혼을 하고 엄마가 되고 보니 주위 사람들과 주고받는 이야기의 주제는 아이, 남편, 시댁으로 통하게 된다. 물론 그 속에서 정보도 얻을 수 있고, 스트레스를 풀기 위해 수다가 필요할 때도 있다. 하지만 양육의 힘든 점과 자녀 교육방법, 남편에게 섭섭했던 점이나 시댁의 흉이 돌고 돌아 이 집 저 집 사연을 들으며 서로 비교하게 될 때가 많다. 집에 돌아와 혼자 곱씹어 봐도 서로 누가 더 불행한지 경쟁하듯 이야기한 탓에 오히려 부정적인 기운만 남을 때도 있다. 혹은 누가 더 잘난 남편과 시댁을 등에 업고 있는지 자랑을 늘어놓기 바쁘고, 이 모든 이야기 속에는 주로 '나'에 관한 것들은 빠져 있다.

하지만 책을 매개로 이야기를 나누게 되면 그 방향은 좀 더 생산적이고 적극적이다. 나로부터 시작된 여러 고민 중 무엇이 근본적인 문제인지, 책을 통해 그리고 모임의 구성원인 제 3자의 눈을 통해 좀 더 객관적으로 들여다볼 수 있게 된다. 또한 상황을 개선할 수 있는 발전적인 방법을 찾으며 이야기는 긍정적인 방향으로 흘러가게 된다.

나의 생각과 느낌을 나누다 보면, 반드시 누군가에게 도움을 주거나 누군가의 풀리지 않던 고민에 해결점을 제공하기도 한다. 그리고 내가 알아차리지 못한 깨달음을 타인의 생각을 통해 배울 때도 많다. 약간의 부족함과 빈틈이 있어도 서로 공유하다 보면 그 틈은 메워지게 된다. '생각의 부딪힘'을 통해 나의 의견이 수정되기도 하고, 살이 보태져서 더 단단해지는 것은 독서모임의 큰 장점이다.

> 인간은 '내가 누군가에게 도움이 된다'고 느낄 때에만 자신의 가치를 실감할 수 있다. 단 그때의 공헌은 눈에 보이는 형태가 아니어도 상관없다. 누군가에게 도움이 된다는 주관적인 감각, 즉 '공헌감'만 있으면 그걸로 충분하다. 즉 행복이란 '공헌감'이다.

기시미 이치로의 『미움받을 용기』에 나오는 이 부분을 읽으면서 무릎을 탁 쳤다. 내가 줄 수 있는 것이 무엇일지 생각해 보고, 그것을 통해 누군가에게 도움이 된다면 나는 가치 있는 존재라고 느끼게 된다. 가치와 공헌감 그리고 행복, 이 모든 것을 구체화할 수 있는 것이 바로 독서모임이다.

둘쨋주와 넷쨋주 목요일마다 열리는 독서모임에서 나는 진행자로서 인원을 모집하고 책이라는 멍석을 깔아주었을 뿐이다. 딱히 유도한 것은 아니지만, 횟수가 거듭될수록 멤버들은 본인의 이야기를 자연스럽게 끄집어내며 서로에게 많은 공감과 조언을 나누게 되었다.

『왓칭』을 읽고 각자의 상황 중에 객관적인 눈으로 바라볼 것이 무엇일지 이야기를 한 적이 있다. 남편이 바빠서 가족이 다 함께 보낼 시간이 부족하다고 말하는 멤버에게 다른 멤버가 주옥같은 문장을 말했다.

"자신에게 여유가 생기길 상황과 환경 속에서 바라지 말고 단 10분이라도 시간이 있을 때 여유라고 느끼면 그것이 여유이다."

이 말 속에서 고민스러웠던 상황의 물꼬가 트여 좀 더 구체적인 방안에 대해 이야기한 기억이 있다. 내가 나눌 수 있는 것을 나누다 보니, 비록 눈에 보이는 수치로 표현할 수는 없지만 누군가에게 도움이 된다는 공헌감이 부메랑처럼 돌아온다는 것을 느낀 순간이었다.

물론 독서모임 또는 독서라는 것 자체와 거리가 먼 사람들도 있다. 예전에 돈을 모아 명품가방을 사는 것에 최고의 만족감을 얻는다는 사람과 대화를 나눈 적이 있었다. 실제로도 부유한 그녀는 머리끝부터 발끝까지 명품으로 휘감고 있었는데, 명품가방보다 더 값진 것에 대한 나의 생각을 그녀는 이해하지 못하는 눈치였다. 또 기본적인 의식주 욕구조차 절제하고 악착같이 모아 부동산 늘리는 것을 인생의 최대 목표로 삼은 지인의 이야기를 들을 적도 있었다. 현재를 희생한 그녀의 인생이 불행한지 아닌지 우리가 평가를 내릴 수는 없다. 자신만의 확고한 삶의 목표가 있고, 거기에 맞춰 생활방식을 조정하며 만족하는 사람에게는 타인의 어떠한 잣대도 필요 없기 때문이다. 나만의 기준으로는 타인의 삶을 평가할 수 없고, 평가하는 것도 무의미하다.

말을 물가에 데려갈 수는 있지만 물을 마시게 할 수는 없다고 했다. 삶에 만족하든 만족하지 않든, 자신만의 삶을 살아가는 사람들에게 독서를 추천할 수는 있지만 강제성을 부여하긴 어렵다. 다만 자신의 삶에 만족하지 못하고 바꾸고 싶다는 생각이 간절하여 변할 의지가 있는 사람이라면, 책 속에서 자신만의 답을 찾게 될 것이라고 기꺼이 조언하고 싶다. 또한 다른 사람들과 다양한 생각을 나누면서 계속 책을 읽는 원동력도 되는 독서모임을 적극 추천한다.

책을 매개로 한 독서모임을 통해 느낀 점과 생각, 깨달음 등 모든 것을 나누고 공유하면, 분명히 나에게도 성장의 발판이 되고 다른 누군가에게도 도움이 된다. 같은 책을 읽고 사람마다 다른 생각과 깨달음을 나누는 모임을 통해 대한민국 엄마들 모두 책 읽는 엄마이자 아내인 리딩맘 앤 와이프가 되길 바란다. 그 나눔이 바로 자신의 내면을 행복감으로 가득 채울 수 있는 방법이라고 믿으며, 나는 책을 읽고 생각을 나누는 것만으로도 충분히 행복해질 수 있다고 확신한다.

빛나던 나로 돌아갈
딱 한 걸음의 용기

벌써 8년 전이다. 지구 반 바퀴를 돌아서 도착한 낯선 남아메리카 대륙을 한 달 동안 혼자 배낭여행을 갔다 온 지. 8년이 지난 현실 속의 나는, 그 머나먼 곳의 여행을 다녀오지 않은 사람들과 별반 다를 것 없이 평범하고 특별할 것 없는 일상을 살아가고 있다. 그리하여 한때는 나의 머나먼 배낭 여행기를 어떤 의미로 받아들여야 할지 고민한 적이 있었다. 하지만 이웃 블로거이기도 한 『일상이 독서다』의 저자 이혜진 작가가 호주 여행 중에 읽고 남긴 포스팅에서 우연히 마음에 들어온 글귀를 보았다.

> 여행으로 뭘 배운다는 게 결국 제자리로 돌아오는 일인 경우

도 있는 것이다. *기껏 제자리에 돌아오려고 어딘가로 떠나는 일,
같은 자리에 있기로 했다고 해서 그 전과 같은 사람일 수는 없는
법이다.*

이다혜 기자의 『여기가 아니면 어디라도』에서 「익숙했던 모든
것들이 낯설어지기 위해 떠날 뿐이다」에 나오는 부분이다. 이 글귀
를 보고, 결국 나의 자리로 돌아왔지만 그 전과 같은 모습의 나는
아니라고 믿으며, 빛나던 8년 전의 내 모습을 추억할 수 있는 딱 한
걸음의 용기를 얻었을지도 모른다.

왜 비행기를 세 번씩이나 갈아타면서 먼 남아메리카 대륙을 밟
게 되었는지, 그 시작은 하나도 거창하지 않았다. 서른에 떠난 뉴질
랜드 어학연수시절에 친하게 지냈던 남미 출신의 외국인 친구들이
있었다. 그들은 항상 자신들의 국가와 똑같이 남반구에 위치한 뉴
질랜드가 너무 단조롭고 특별히 구경할 것도 없다면서 스펙터클한
남미로 꼭 여행 오라고 나를 부추겼다. 발단은 단순히 그들의 부추
김이었고, 그 덕에 어쩌면 평생 하지 못할 여행을 하게 되었다.

5개월간의 뉴질랜드 생활에서 돌아온 뒤, 6개월 만에 다시 에어
캐나다 비행기에 몸을 실었다. 앞으로 어떤 여행이 펼쳐질지 도무
지 알 수 없는 미지의 땅에서 여행 포인트는 페루 쿠스코의 마추픽

추, 볼리비아의 우유니 소금사막 그리고 세계 최대의 이과수 폭포였다. 밴쿠버와 토론토를 경유하고, 페루의 수도인 리마를 거쳐 쿠스코행 국내선으로 갈아탔다. 정말 이틀간 비행기만 탄 것 같았다. 쿠스코에 내리자 비로소 낯선 외딴 곳에 혼자 뚝 떨어진 것을 제대로 느꼈다. 완전히 새로운 곳에서 온몸으로 느낄 수 있는 여행의 첫 느낌은, 새로운 시작을 알리는 흥분보다 낯선 곳에서의 불안함이 솔직히 더 컸다. 첫 숙소인 한인민박에서 만난 한국의 여자 여행객들과 여러 여행루트와 정보를 교환하니 여행 온 실감이 나기 시작했다.

남미로 여행 가기 전 주위의 몇몇 사람들에게 여행 계획을 알렸을 때 모두들 공통적으로 보인 반응이 있었다. 사실 페루 여행기를 다룬 〈꽃보다 청춘〉 프로그램이 방영된 후로는 남아메리카의 나라들이 아주 낯설지만은 않지만, 8년 전만 해도 모두들 "미쳤냐? 여자 혼자 그 위험하고 먼 곳을 한 달이나 여행하다니, 총 맞아 죽는다."라는 반응이 일반적이었다.

그러나 그들의 예상과 달리, 도착한 그 순간부터 나는 나 홀로 여행족인 한국여자사람을 너무도 쉽게 곳곳에서 만날 수 있었다. 그들은 자유로웠고 씩씩했으며 당당했다. 역시 부딪혀보기 전까진 내가 서 있는 곳이 얼마나 작은지, 한 발만 벗어나도 얼마나 멋진 세상이 펼쳐질지 알 수 없음을 깨달았다.

숙소에서 만난 그녀들과 우선 세계 7대 불가사의라는 마추픽추로 가기 위해 첫 관문인 버스 티켓부터 사러 갔다. 미리 공부해 둔 스페인어는 하나도 기억나지 않았고, 와자지껄한 터미널 분위기에 적응하지 못한 채 그녀들 뒤만 따라갔던 기억이 난다. 내가 밟은 남미의 첫 도시가 페루의 쿠스코라는 지역이라 그런지 첫 인상은 '시골스러움'이었고, 이제까지 여행한 유럽과 호주와는 비슷한 점 하나 찾을 수 없는 완벽히 이색적이고 색다른 풍경이었다.

고도 3,300미터보다 살짝 더 높은 곳에 위치한 쿠스코에서는 머리가 아프고 속도 울렁거리는 고산병에 걸리기 십상이다. 〈꽃보다 청춘〉 프로그램에서도 가수 겸 작곡가 윤상이 고산병으로 누워 있던 장면이 나왔는데, 그 장면에 100% 공감하며 본 기억이 난다. 나 또한 도착한 지 만 하루 만에 고산병 증상으로 애를 먹었기 때문이다.

버스와 기차를 번갈아 타고, 다시 지그재그 산길을 오르는 새벽 버스에 몸을 싣고 신비의 공중도시 마추픽추에 도착했다. 거의 암벽등반 하듯이 힘들게 겨우겨우 올라간 와이나픽추 정상에서 내려다보니, 거대한 마추픽추가 한눈에 들어오는 장관을 볼 수 있었다. 산속 공중에 둘러싸인 신비의 도시인 마추픽추의 궁금증은 역사 속에 숨겨져 있어서 아직 다 해결되지 않았다고 한다.

코이카 봉사활동을 하고 있다는 자랑스러운 한국인도 만나 이런저런 이야기를 나눴고, 노란 잉카콜라도 상큼하게 마셔봤으며, 쿠스코에서 고산병도 걸려 골골해 본 모든 경험이 지금 생각해도 재미있다. 페루의 물가에 비해 다소 비싼 기차표와 버스표 그리고 마추픽추 입장 티켓까지 모두 상당한 비용이 지출되었지만, 바람은 있어도 쉽게 갈 수만은 없는 곳이기에 마추픽추로 가는 여정과 그곳의 모습은 더욱 소중한 경험이자 추억으로 남아 있다.

두 번째 여행 포인트인 볼리비아의 우유니 사막은 일명 '소금 사막'이다. 사막 투어를 위해 몇 군데 현지 여행사를 돌아다닌 후 패키지투어를 정했다. 나처럼 혼자 여행하는 한국인 여행객 3명과 외국인 여행객 2명이 한 팀이 되어 2박 3일간 지프차로 반건조 사막, 플라밍고가 거니는 호수, 활화산, 사람보다 큰 키의 선인장 군집지역, 소금 호텔 등을 구경하며 이동하는 코스였다.

눈이 부실 만큼 새하얀 소금으로 이루어진 우유니 사막을 처음 마주하는 순간, 여기가 하늘인지 땅인지 착각마저 들었다. 파란 하늘과 대조적으로 360도 어디에나 하얀 세상이 펼쳐져 있었고, 지구상에 이런 곳이 있다는 것에 놀라움을 금치 못했다.

사막 중간에 있는 숙소에서 밤을 지새우며 2박 3일간 동성동족 여행객인 우리는 많이 가까워졌다. 한국에 돌아와서도 그녀들과 연락은 이어졌다. 여행으로 맺어진 인연이 여행이 끝난 뒤에도 지속되기란 어려울 법한데, 몇 년이 지난 지금까지 인연으로 남은 것은 나에게 참 행운이다.

우유니 사막 투어의 끝은 칠레의 북쪽에 위치한 세계에서 가장 건조하다는 아타카마 사막이었다. 갑자기 더워진 날씨를 체감하며 거기서 우리의 투어는 끝나고 각자의 일정대로 길을 떠났다. 그때는 상당히 아쉬웠지만, 여행길에서 만난 이들은 혼자만의 여행길에 다시 익숙해지기 마련이다. 나는 칠레의 수도인 산티아고로 가기 위해 24시간 동안이나 버스에 몸을 싣고 다시 혼자 만들어가는 여행으로 돌아갔다.

　　산티아고에 도착하니 갑자기 높아진 물가에 다시 가난한 배낭여행객으로 돌아갔고, 혼자가 된 후에야 서양 느낌을 물씬 풍기는 외국인 덕에 내가 평평한 얼굴을 가진 아시아인임을 새삼 느꼈다. 그리고 마지막 여행 목적지인 아르헨티나와 브라질 국경에 위치한 이과수 폭포로 향했다.

　　아르헨티나 쪽 폭포의 최대 볼거리이자 '악마의 목구멍'이라 불리는 폭포는, 별 기대 없이 터벅터벅 걸으며 건넌 꽤 긴 다리 끝에서 만났다. 가까워질수록 폭포수 떨어지는 소리가 점점 커지면서 기대감도 덩달아 커졌고, 폭포가 떨어지는 바로 그 위에서 물이 쏟아지는 광경을 볼 수 있었다. 아래로 내다보면 끝도 보이지 않는 엄청난 양의 물이 악마의 목구멍으로 빨려 들어가는 것처럼 보였고, 우렁찬 폭포소리에 바로 옆 사람의 말도 잘 들리지 않을 정도였다. 물방울이 사방에서 튀어서 우산과 비옷은 필수였다.

브라질 쪽의 폭포도 한눈에 다 들어오지 않을 정도로 웅장했고 거대했다. 2층, 3층에 걸쳐 쏟아지는 폭포계단을 180도 펼쳐진 광경으로 보고 있으니 어느 각도에 카메라를 갖다 대도 작품이 될 만한 사진들이 찍혔다. 파노라마로 펼쳐지는 폭포수를 가까이 보기 위해 내려가면 펼쳐진 우산이 무색하게 옷과 머리는 1분 만에 젖어버렸다. 거대한 자연 앞에 우리는 한없이 작은 인간임을 다시 한 번 깨닫게 되는 웅장하고 압도적인 모습이었다.

한 달여간의 여행을 마치고 비행기에 올랐을 때는, 다시 돌아갈 집이 있다는 사실에 마음이 편안해지는 것을 느꼈다. 다시 또 어디든 떠날 수 있기에 집으로 돌아가는 아쉬움은 적었다. 서른의 끝자락에 떠난 여행을 시간이 한참 지나 되돌아보니 '여행 중에는 힘들었어도 정신력 하나로 버티며 참 재미난 한 달을 살았구나.'라는 생각이 든다.

결혼하고 아이를 키우면서 점점 잊고 있었던 나 홀로 여행기였지만 글로 풀어내는 동안 다시 한 번 그때의 빛나고 용기 있는 나로 돌아간 것만 같아 가슴이 뛰었다. 그때의 '나'라는 사람은 열정으로 가득 찼고, 혼자서도 거뜬히 배낭을 메고 한 달 동안 지구 반대편을 여행할 정도로 결단력이 있었다. 여행이 주는 의미는 바로 '용기'임을 비로소 깨닫는다.

남미 배낭여행의 시작은 어쩌면 20대에 열심히 준비했던 시험의 낙방에서 비롯되었을지도 모른다. 지금으로부터 딱 10년 전 스물아홉 살의 나는, 20대 중후반을 도서관에서 보내며 각종 원서와 문제풀이에 파묻혀 준비한 시험에 뚝 떨어진 상태였다. 막막한 20대의 마지막을 직장도 없이 방황하다가 뒤늦게 뉴질랜드 어학연수와 호주여행을 하게 되었고, 그때 알고 지냈던 외국인 친구들로 인해 남미라는 곳의 여행도 계획할 수 있었다. 거슬러 올라가 만약 그 시험에 붙었더라면 지구 반대편까지 비행기를 3번씩이나 갈아타고 여행 갈 생각을 했을까 싶다.

시험의 낙방은 겉으로는 실패로 보일지 모르지만 단순한 실패로만 끝나지 않았다. 그때의 나는 실패를 벗어나고 싶어서 미지의 세계로 도망치듯 떠났지만, 오히려 그 실패를 통해 드넓은 새로운 세상을 경험할 수 있었다. 그때의 실패가 지금의 내 모습을 이끌어주고, 이 책을 세상에 내놓게 해준 시작점이 되었다고 생각한다.

이제 이 책을 통해 그때처럼 용기를 냈고 이미 한 발 내딛었다. 이 글을 읽는 당신도 빛나던 모습을 가슴속에 품고 있을 것이다. 이제 당신 차례이다. 『여기가 아니면 어디라도』의 책 속 구절을 통해 8년이나 지난 여행 속에서 '용기'라는 의미를 찾아낸 것처럼 당신도 당신의 빛나던 용기를 끄집어낼 책을 찾기 바란다. 책을 통해 별처럼 빛나고 뜨거운 열정으로 가득했던 모습으로 돌아갈, 딱 한 걸음의 용기를 낼 당신을 뜨겁게 응원한다.

엄마가 책을 읽어줄 때
기대하지 않아야 하는 것들

Q
책 편식하는 아이, 어떻게 해야 하나요?

얼마 전 이사를 오면서 아들 책을 정리했다. 유아용 서적은 아들보다 어린 아이가 있는 지인에게 주었고, 갖고 있어봐야 보지 않을 것 같은 책들은 중고로 팔았다. 이미 읽은 책 중에 더 이상 안 볼 것 같아서 박스에 담아둔 책들은 동서에게 넘겼다. 이렇게 처분을 해도 아들 몫의 책장은 이미 꽉 찼고 작은 3단 책장 3개에도 빈틈없이 책이 꽂혀 있다. 그래서 나의 로망이기도 한, 벽면 전체를 매울 수 있는 큰 책장을 하나 구입하려고 생각중이다.

이쯤에서 밝히지만 난 중고 책 마니아다. 아들뿐 아니라 엄마인 나도 마음 놓고 볼 수 있기 때문에 중고 책을 선호한다. 아들이 지금보다 더 어렸을 때, 책은 보는 게 아니라 찢거나 혹은 던지는 도구였다. 그러다 마음에 드는 그림을 만나면 유심히 보기도 하는, 장난감의 일종이었다. 어린 아들은 바닥에 널브러져 있는 책을 아무렇지도 않게 밟고 지나갔고, 밥을 먹다 책에 흘리는 등 본의 아니게 '책의 수난시대'를 만들어갔다.

그래서 비싼 새 책을 사주기보다는 중고 책을 사주는 게 훨씬 더 마음이 편했다. 새 책을 사주면 찢어질까 봐 아이가 책장을 넘기지도 못하게 하거나 아예 아이 손에 닿지 않는 곳에 두기도 한다. 새 책에 자국이 찍히거나 스크래치가 날까 봐 던지지도 못하게 단속하게 된다. 혹여 새 책을 밟기라도 하면 화부터 낸다. 그래서 아이를 위해 샀지만 책이 아이보다 우선시되는 주객전도 상황이 연출되기도 한다.

하지만 중고 책은 엄마와 아이 둘 다 부담 없이 보고 즐길 수 있다. 책장이 좀 찢기면 투명 테이프로 붙이고, 얼룩이 지거나 더럽혀져도 물티슈로 쓱 닦으면 그만이다. 책이 좀 밟혀도 화나지 않는다. 게다가 모서리가 뾰족해서 다칠 위험이 있는 새 책보다는 손때를 타서 모서리가 뭉툭해진 중고 책이 아이의 손발에 덜 위험할 수도 있다. 아이가 좋아할 거라고 생각하며 구입했어도 아이가 흥미를 보이지 않으면 필요한 사람에게 되팔기도 쉽다. 그래서 우리 집 책장엔 아들에게 처음으로 사준 자연관찰 시리즈부터 창작동화와 영어전집까지 중고로 구입한 책이 대부분이다.

책 정리를 하고 보니 아들이 갖고 있는 책 중에 유독 중복되는 분야의 책들이 많다. 바로 과학 분야 전집으로, 전집이라고 해봐야 중고로 구입했거나 페이퍼북으로 구성된 것들이 대부분이다. 아들이 워낙 관심이 많은 쪽이라 중복되는 영역이라도 상관하지 않고 구입해 주었다.

어느 날 친구와 통화를 하다가 아들이 좋아하는 책을 사주다 보니 과학전집이 대여섯 세트 정도 된다고 말한 적이 있다. 그 말을 들은 친구는 아들의 책 편식이 심하다고 하면서 다른 영역의 책은 안 보냐고 물었다.

인터넷 커뮤니티를 들어가 보면, 아이들에게 책 꽤나 사준다는 엄마들의 얘기를 들어볼 수 있다. 그들은 한결같이 아이의 사고력과 상상력을 다양하게 자극하기 위해 창작동화와 세계동화, 과학 및 사회·인성, 전래동화와 위인전까지 여러 영역을 골고루 제공해야 한다고 말한다. 전적으로 동의하는 말이다. 책이 창의력과 상상력 그리고 집중력에 도움을 준다는 것을 아는 이상 한쪽으로 너무 치우치는 것보다 많은 영역을 골고루 접하게 하는 것이 좋다는 건 두말하면 잔소리이다.

그래서 아들이 재미없어 하지만 세계동화와 전래동화를 들이밀며 읽어준 적이 있었다. 흥미를 갖고 좋아하는 영역의 책만 읽어주는 것보다 다양한 영역을 두루두루 읽어줘야 두뇌 발달에도 도움이 된다는 말을 무시할 수 없었기 때문이다. 아무리 그래도 정작 아들이 읽어달라고 가져오는 책은 대부분 본인이 좋아하는 공룡 책과 과학 영역 책들이다. 그렇다면 우리 아들에게 책 편식은 정말 안 좋은 것일까?

아들은 A라는 전집의 〈지진과 화산〉에 관한 내용을 읽은 뒤 자연스레 B 전집에서 〈화산 활동〉에 관한 책을 빼온다. 이렇게 두 전집 사이의 겹치는 내용을 꺼내 들고 와서 그림을 한참 들여다본다. 그리고 궁금한 것은 질문도 한다. 엄마인 나도 설명하기 어려울 때는 두 책을 놓고 번갈아 읽어주며 아들과 같이 질문에 대한 답을 구하기도 한다.

직장에서 퇴근한 워킹맘 혹은 각종 집안일과 육아로 책을 읽어줄 에너지도, 시간도 부족한 엄마들이 아이에게 책을 읽어준다는 것은 무엇을 의미할까? 좋아하는 과학 분야 책만 가져오는 아들에게 굳이 다른 영역의 책의 필요성을 언급하며 읽어줘야 할까?

중국의 유명한 화가 왕야니(Wang Yani)는 일곱 살이 될 때까지 원숭이만 수없이 그렸다고 한다. 3년 동안 그린 원숭이 그림만 약 4천 점에 이른다고 하니 과히 그림 편애가 지독했다고 볼 수 있다. 아이가 자동차나 비행기 혹은 강아지만 그린다면 다른 곳으로 관심을 돌리게 하는 것보다 아이의 그림이 얼마나 좋아지고 있는지를 살펴보는 게 좋다고 아동미술 전문가들은 말한다.

이쯤에서 다시 물어보고 싶다. 책 편식은 과연 나쁜 것일까? 무엇을 위해 책을 읽어주는지 곰곰이 생각해 보면 답은 절로 나온다.

단순히 지식만 전달하기 위한 목적으로 아이에게 책을 읽어주는 것은 아니다. 만약 읽은 책 내용이 그대로 머릿속에 저장되어 지식으로 쌓이길 원한다면, 그것은 엄마의 지나친 욕심임에 분명하다. 엄마가 책을 읽어주는 시간 동안 아이는 엄마의 목소리를 들으며 마음속의 안정감을 느낀다. 책 한 권을 통해 아이와 엄마는 살을 맞대고 스킨십을 하며 이야기꽃을 피울 수 있다. 책을 매개로 나누는 엄마와의 대화 속에서 더 단단한 애착관계가 형성되는 것이다.

아이가 좋아하는 분야의 책이 따로 있다면, 책 편식에 대해 걱정하지 말고 좋아하는 책부터 읽어주자. 읽어달라고 가져오는 책을 꾸준히 읽어주면 된다. 아이가 관심 있는 분야의 책부터 봐야 다른 책에도 흥미를 가질 수 있다. 다시 한 번 말하지만, 책 읽어주는 것이 제일 쉽다. 묻지도 따지지도 말고 아이가 좋아하는 책부터 읽어주자.

Q
아이가 글은 안 읽고 그림만 보는데 어쩌죠?

도서관에서 진행되는 〈그림책 깊이 읽기〉라는 강좌에서 『멋진, 기막히게 멋진 여행』이라는 글자 없는 그림책을 본 적이 있다. 열정의 빨간색 멜빵바지를 입은 주인공이 무엇을 타고 여행하는지 보여주기 위해 세로로 길쭉하게 만든 책이었다. 숲속의 오두막집에 살고 있는 주인공은, 자신이 살고 있는 오두막집을 허물어 만든 긴 나뭇가지를 타고 떠났다. 여행을 위해 돈부터 모아 때를 기다리는 것이 아니라 가진 것을 내어놓고 떠나는 여행이라 의외의 모습이었다.

산과 바다 그리고 사막과 같은 다양한 장소를 긴 나뭇가지를 이용해 구경하고 돌아온 주인공은 여행의 다채로운 색깔을 마지막 장에서 보여주었다. 첫 장에 보이는 키 큰 나무로

빽빽이 둘러싸인 숲속의 오두막집은 어딘가에 갇힌 것처럼 다소 갑갑해 보였고 무채색의 집이었다. 하지만 마지막 장에서는 달라진 모습을 보여준다. 여행을 마친 주인공은 허물었던 오두막집을 다시 지었고, 갖가지 페인트로 집안 내부를 색칠한 뒤 첫 장에서처럼 테이블 앞에 앉아 있었다. 여행 중에 보고 듣고 깨달은 것이 몸에 새겨지고, 여행의 색깔도 온몸에 묻어나는 과정임을 이 그림책을 통해 알 수 있었다.

글자 하나 없는 그림책은 자세히 보지 않으면 보이지 않는 것이 곳곳에 숨어 있다. 그래서 휘리릭 넘기며 볼 것이 아니라 천천히 그리고 자세히 살펴보아야 한다. 오로지 그림만으로도 생각하고 상상해 보는 것은 충분히 이루어지므로 아이가 책의 글 대신 그림만 본다고 전혀 걱정할 필요는 없다.

하지만 엄마들의 욕심에 끝이란 없다. "책을 펼쳐보기라도 했으면 좋겠다"고 말하는 엄마들도 정작 아이가 책을 펼쳐 그림만 본다면 별로 환영하지 않을지 모른다. 책을 본다는 것은 책 속의 그림이 아니라 글자를 읽는 것이라고 생각하기 때문이다.

아직 글을 못 읽는 아이라면 우선 재미있고 신기한 그림에 먼저 시선을 둘 것이다. 호기심 어린 눈으로 그림을 쳐다보며 첫 장을 넘기고 몇 장 보다가 엄마에게 쪼르르 달려와 책을 읽어달라고 할 것이다. 그럼 엄마도 아이가 가져온 책의 그림부터 보며 호들갑스럽게 맞이해 주면 된다. 엄마도 그림에 호기심을 보이며 아이를 무릎에 앉히고 같이 책장을 넘기면 바로 '책 읽어주기'가 시작된다. "이건 왜 이럴까? 이 그림은 되게 웃긴다." 등등 그림에 대한 느낌을 언급하거나 '왜?'라는 질문을 가볍게 던지고 시작하면 더 좋다.

앞에서도 말했지만, 질문하기의 목적은 시간 끌기라는 것을 기억하자. 솔직히 아이들의 책은 글자 수가 적고 페이지가 얼마 안 되어서 한 권 읽어주는 데 불과 몇 분밖에 걸리지 않는다. 영유아의 책은 채 1분이 걸리지 않을 때도 있다. 그런 1분짜리 책은 열 권을 읽어준다고 해도 겨우 10분밖에 걸리지 않는 셈이다. 물론 내 아이와 함께 보내는 모든 시간이 행복하다고 하지만, 한편으로는 매일 반복되는 놀이와 육아가 지겨울 때도 있는 법이다. 그러니 우리에겐 무엇보다 약간의 시간을 끌기 위한 질문이 필요하다.

우리 아들의 경우, 한창 관심 있는 신체에 관한 책을 보면 그림부터 몇 장 넘겨보면서 유심히 관찰한다. 그리고 읽어달라고 했을 때 그림에 붙은 작은 말풍선 속의 감탄사까지 다

손가락으로 짚으며 읽어달라고 한다. 다 읽어주고 나면 혼자 그림을 다시 넘겨보며 자세히 들여다본다. 혹은 다 읽어주었음에도 불구하고 그 자리에서 몇 번 더 읽어달라고 한다. 호기심과 관심이 있는 분야의 책은 뜯어말려도 그림도 보고 엄마가 읽어주는 글도 유심히 듣게 되어 있다.

음식을 예로 들어보자. 접시에 정갈하게 담긴 음식을 먼저 눈으로 보고 코로 냄새를 맡는다. 가능한 경우 요리되는 과정을 소리로 들어볼 수도 있다. 그 음식이 어떤 맛일지, 시각과 청각 그리고 후각을 통해 가늠해 보게 된다. 책 속의 그림이 바로 그런 역할을 한다. 어떤 느낌의 책인지, 어떤 주제의 책인지 알려주는 첫 번째 요소가 바로 그림이다. 아이가 그림만 본다면 재미있을 것 같은 책을 탐색하고 있는 중이라고 생각하면 된다. 아이도 책의 그림이 본인의 흥미를 끌지 못하면 읽어달라고 하지 않을 것이다.

영유아기의 아이라면 특히 글보다 시각적인 그림에 더 시선이 고정될 것이다. 엄마가 읽어주는 내용보다 본인의 의지대로 책장을 넘겨서 빨리 뒷장의 그림을 보고 싶어 할지도 모른다. 그럴 때 아이의 욕구를 알아차리고 그림에 대한 이야기를 먼저 해주는 것도 좋다. 그림에 대한 호기심을 충분히 유발

한 다음 책을 읽어보자고 하면 아이도 엄마가 읽어주는 내용에 귀 기울이게 될 것이다.

앞에서도 언급했지만, 책을 읽어주는 것은 무조건 내 아이를 위한 것이고 내 아이에 의한 것이다. 아이가 뒷장을 빨리 넘기면 덜 읽었더라도 뒷장부터 읽어주자. 그림에 대한 느낌만 말해주었는데 그림을 다 봤다며 책을 덮어버린다 해도 괜찮다. 혹여나 아이가 내용에 대한 질문을 한다면 "엄마도 OO이랑 그림만 봐서 내용을 모르는데 같이 읽어볼까?"라고 말하며 자연스럽게 읽어주기로 넘어가면 된다.

이때 왜 그림만 보냐고 절대 잔소리를 늘어놓으면 안 된다. 책에 대한 즐거운 감정만을 느끼도록 해주어도 아이에겐 다른 재미난 놀이가 많아서 책은 늘 뒷전으로 밀리기 일쑤다. 그러므로 책을 가까이 하는 아이의 모습을 보고 싶다면 엄마의 잔소리는 절대 금물이다.

엄마들이여, 더 이상 아이들이 그림만 보고 글을 읽지 않는다고 걱정하지 말기 바란다. 상상의 나래를 펼치게 해주는 보석 같은 그림을 보는 것만으로도 우리 아이들에게는 충분하니까!

Q
질문이 지나치게 많아서 끝까지 읽어줄 수가 없어요!

모처럼 아이가 책을 꺼내와 읽어달라고 해서 기분 좋게 읽어주기 시작했는데, 한 페이지 읽을 때마다 질문을 한다면 어떻게 할까? 처음엔 질문에 성의껏 대답해 주고 다음 페이지로 넘어갈 것이다. 하지만 매 장마다 질문을 쏟아낸다면 읽어주는 엄마는 난감할지도 모른다. 이때 꼭 기억해야 할 것이 있다. 아이가 하는 질문은 오히려 환영할 만하다는 것이다.

질문은 창의력의 또 다른 발현이라고 한다. 그래서 엉뚱한 질문일수록 더욱 좋다고 한다. 만약 엄마가 읽어주는 책을 억지로 앉아 듣고 있는 거라면 아이는 건성으로 듣는 둥 마는 둥 할 것이고 질문도 하지 않을 것이다. 그러니 오히려 질문을 한다는 것은 아이가 엄마가 읽어주는 책에 호기심을 갖고 집중하고 있다는 증거이기도 하다.

짝을 이루어 서로 질문을 주고받으며 대화를 하고 토론하는, 유대인의 전통적인 교육법인 하브루타의 핵심도 질문이다. 생각을 넓혀 나갈 첫 번째 방법인 질문하기는 생각하는 힘을 길러준다. 항상 '왜?'라는 의문을 품고, 질문을 통해 새로운 것을 배우는 아이는 창의적인 사고도 키워 나갈 수 있다.

대화가 깊어지고 좀 더 전문화되면 토론이 가능해지기 때문에 이야기를 나누는 것 자체를 보다 넓은 의미로 하브루타라고 보는 시각도 있다.

책을 읽어주다 보면 아들은 잠자코 듣고 있다가 한꺼번에 질문을 쏟아낼 때가 있다. 그럴 때는 애써 대답해 줄 필요 없이 "글쎄, 엄마는 잘 모르겠는데, ○○이 생각은 어때?"라고 되물어주기만 하면 봇물 터지듯 아이 혼자 이야기를 펼쳐 나갈 때가 있다. 그럼 옆에서 "음… 그렇구나."라고 맞장구쳐주며 들어주기만 해도 충분하다. 아들이 다소 엉뚱하게 이야기를 이어간다고 해서 거기에 대고 이러쿵저러쿵 꼬집어줄 필요는 없다. 아이는 상상력을 발휘해서 자기만의 재미있는 스토리를 만들어갈 뿐이다.

얼마 전에 아들을 목욕시킬 때였다. 아들은 '우리는 삼총사~'로 시작되는 노래를 욕실이 떠나가라 크게 불렀다. 이후 거실에서 놀면서도 그 노래를 흥얼거려서 그저 어느 만화의 주제곡이려니 짐작하고 귀담아 듣는 척만 했었다.

며칠 뒤 아들을 재우려고 침대에 누워서 그 삼총사 노래가 어느 만화 주제곡인지 물어보았다. 아들 말이 그 노래는 만화에서 나온 노래가 아니라 그냥 자기가 부른 노래란다. 이게 무슨 말이지? 만화 주제곡이 아니라 본인이 만든 노래라고? 그럼 가사를 직접 생각해서 부른 거냐고 물었더니 그렇다고 했다. 물론 자세히 들어보면, 아들은 여러 만화 주제곡의 멜로디를 여기저기서 조금씩 가져와 가사를 붙인 것에 불과함을 알 수 있다.

아이는 누구나 부분적으로 천재적인 소질을 지니고 태어난다고 한다. 하지만 엄마들이 이 천재적 소질을 기술적인 것에만 국한시켜 생각하다 보니 잘 발전시키지 못하는 오류를 범한다. 천재성이란 또 다른 말로 상상력일 수도 있고, 기존에 있는 것들의 조화를 통해 새로운 것을 만들어내는 창의력일 수도 있다. 책을 읽어주는 것이 그 상상력과 창의력을 유지시켜주는 가장 강력한 행위임을 안다면, 질문하는 아이의 입을 쓸데없는 질문은 하지 말라며 틀어막는 일은 결코 없을 것이다.

질문이 하브루타 교육의 핵심이고 상상력과 창의력의 또 다른 발현이라는 거창한 말을 하지 않더라도, 아이에게 질문은 어쩌면 엄마에 대한 관심의 표현일 수도 있다. 아이는 엄마에게 질문하고 대답을 들으며 대화 나누는 것을 책보다 더 기다릴 수도 있다. 무엇보다 엄마와의 대화가 아이의 정서적 안정에 도움이 된다는 것은 누구나 다 아는 사실이다. 그러니 질문이 지나치게 많아서 책을 끝까지 읽어줄 수 없다면, 그 질문 속에 그냥 몸을 던져 아이와 같이 대화의 바다 속에서 헤엄쳐 보는 것은 어떨까? 지금 당장은 책을 덮었더라도 흥미가 있는 책이라면 아이는 반드시 다시 읽어달라고 조를 것이다.

인공지능시대를 살아갈 우리 아이들에게 필요한 것은, 새롭고 대단한 무엇가가 아니라 질문을 주고받으며 대화와 토론을 이어 나가는 능력이다. 그리고 그 능력은 바로 어릴 때부터 읽어주는 책 속에서 찾을 수 있음을 꼭 기억하기 바란다. 그러니 이제 아이에게 "엄마가 책 읽어줄 동안 입 다물고 조용히 있어야 해!"라는 어리석은 말은 절대 하지 않기 바란다. 오늘부터 아이의 질문을 두 팔 벌려 환영하자.

5장

오늘도 아이와 함께 책을 읽다

진정으로 하고 싶은 일이 있다면
당신은 그것으로도 이미 충분히 행복한 사람일 것이다.
하지만 조금 더 용기를 내어 바로 지금 시도해 보자.

작은 발걸음 하나가
우리 안에 숨은 엄청난 힘과 잠재력을 끄집어낼 것이다.
조금씩 삶의 변화를 이끌어내면
언젠가 반드시 큰 변화의 꿈에 다가갈 수 있다.

새콤한 책 한 권,
달콤한 글 한 편

편안함은 위대한 포부의 적이다. 편안함은 집중력을 방해하는 대표적 요인이며 위대한 포부의 걸림돌이기도 하다. 뇌는 본능적으로 편안함·익숙함·반복을 추구하는데, 이것이 바로 강력하고 무의식적인 습관이 생기는 이유다. (중략) 본능적인 행동을 대신하는 선택이 흥미롭지 않은 것은 사실이다. 오히려 불편하고 더 많은 노력이 필요하다. 그러나 시간을 들여 꾸준히 노력하면 그 선택이 강력한 차이를 만들고, 궁극적으로 위대한 포부를 이루도록 길을 열어준다.

제프 센더스의 『아침 5시의 기적』에 나오는 내용으로, 지난 몇 년간의 나의 생활을 되짚어보며 무척 공감한 부분이다. 7년 전 결혼을 하고 아이를 낳아 키우는 동안, 현실의 편안함과 익숙함에 안주하여 어느새 의미 없이 TV와 스마트폰을 들여다보는 일이 습관처럼 되어버린 적이 있었다. 따분하고 지루한 일상에서 느끼는 우울감이 바닥을 치고 나니 다시 책을 잡고 싶다는 생각이 들었고, 도서관에서 책을 빌려 읽기 시작했다.

책 읽을 시간을 확보하기 위해 아침 일찍 일어나 책을 펼쳤고, 아무런 방해도 받지 않는 시간 동안 독서에 몰입하곤 했다. 무슨 책을 읽고 어떤 생각을 했는지 짧게라도 기록하기 위해 블로그에 글을 쓰기 시작했고, 그 계기로 이렇게 책을 쓰고 있다. 조금씩 한 발한 발 내딛어 책을 읽고 생각하고 기록하며 내면에 변화의 바람을 불러일으켰고, 지금도 그 과정은 진행 중이다.

제프 센더스의 말처럼, 무의식적으로 반복되던 본능적인 행동을 대신하는 이러한 선택들은 쉽지 않다. 역시 불편하다. 습관이 되기까지 일정한 시간과 노력도 필요하다. 수년간 뿌리박힌 오래된 습관을 버리기 위해 매일 스스로를 의식하고 단련시켜야 한다. 약간의 틈을 보이거나 조금만 방심해도 나의 무의식은 다시 예전의 몸과 마음 상태로 돌아가려고 하기 때문이다.

인간의 마음속에는 원래 하던 대로 하려는 '관성'이 있다. 스스로를 바꾸기 위해 노력을 기울이는 와중에도, 늘 있던 익숙한 자리에 주저앉고 싶고 편안한 예전의 모습으로 돌아가고 싶은 '관성'

이 심신 곳곳에 도사리고 있다.

주저앉은 자리에서 나오기 위해서는 먼저 자신을 들여다보고 확인하는 작업이 필요하다. 매일 비슷한 일상에 불평불만만 늘어놓고 부정적이던 예전의 모습으로 돌아가지 않기 위해서는, 그 감정을 알아채고 스스로의 모습을 인지해야 한다. 그렇게 의식적인 연습을 지속하면 과거의 모습에 빠지지 않고 오히려 그 속에서 벗어날 수 있다.

우리가 환난 중에도 즐거워하나니 이는 환난은 인내를, 인내는 연단을, 연단은 소망을 이루는 줄 앎이로다.

종교와는 거리가 멀지만, 우연히 들은 이 성경 말씀이 마음에 들어와 박혔다. 삶의 여러 고난과 역경 속에서 쓰러지지 아니하고, 그 속에서 스스로 인내하며 자신을 단련시키는 과정을 지나 희망과 소망을 맞이하는 것을 의미한다고 이해하고 있다. 여기서 맨 먼저 등장하는 '환난 중에도 즐거워하나니'는 일반적으로는 선뜻 동의할 수 없을 것 같다. 하지만 이 환난과 고난을 인내하고 단련하여 결국 긍정적인 결과를 이끌어낸다는 과정을 알고 있다면, 고난도 기꺼이 즐겁게 받아들일 수 있다는 의미일 것이다.

『아침 5시의 기적』을 읽다가 "고난의 한복판에 기회가 있다."라는 문장이 눈에 들어왔다. 과학자 아인슈타인이 한 말로 위의 성경 말씀과 일맥상통하는 의미를 갖고 있다는 생각이 들었다.

누구나 자신만의 일상과 삶 속에서 각자의 고민과 고통을 느끼며 살아가고 있고, 이때 두 가지 중 하나의 태도를 선택한다. 고난 속에 스스로를 잠식시켜 힘들게 살거나, 고난에서 벗어나기 위해 해결점을 찾으려고 노력하며 살거나. 그 고난과 역경의 크기가 너무 커서 앞이 깜깜하게만 보인다면, 그 고난을 겪는 '나'라는 존재는 이 세상에서 제일 억울한 사람이 된다.

하지만 역으로 생각하면, 이 고난을 견디고 버티며 해결할 실마리를 발견하는 과정 속에서 내 삶은 성장할 기회를 얻고 발전하게 된다. 이러한 인식의 전환으로 '고난의 한복판에 기회가 있다'고 말하는 것이다. 고난과 역경은 그 사람이 견딜 수 있는 만큼 주어진다고 하니, 인내하고 단련하다 보면 희망과 긍정의 결과를 갖게 되리라고 믿는다. 이것이 바로 끊임없이 책을 읽으며 스스로를 반성하고 글을 써야 하는 이유이다.

보고 듣고 느끼는 나의 일상과 책을 읽으며 접하는 모든 것들이 글의 재료가 된다. 일상 속 소소한 만남과 경험, 그 속에서 느끼는 감정과 생각들 또한 내 삶의 기록이 될 수 있다. 그런 기록들을 통해 나의 하루와 생각을 정리하고 스스로를 표현하는 동시에 내가 쓴 글에 공감해 주는 사람들과 소통할 수 있다.

나에게 글쓰기는 또 다른 내 모습의 통로이자 또 다른 문이다. 그 문을 열기 전까지는 어떤 길이 펼쳐져 있고 어떤 것을 만나게 될지 알 수 없지만, 새로운 문을 열면 새로운 세상을 만나는 것은 분명하다. 나는 이미 그 문을 두드렸고, 살짝 엿보고 있다. 다른 사람이 남긴 책에 대한 서평을 읽으며 그들의 생각과 사색을 읽는다. 책을 읽고 나만의 리뷰를 쓰고 일상을 기록하며 나의 생각도 남긴다.

비록 남에게는 눈에 띄지 않을 만큼의 작은 걸음일지라도, 나는 매일 어제보다 한 걸음씩 더 내딛고 있는 나를 발견하고 있다. 느리지만 꾸준한 아마추어가 포기하지 않고 끊임없이 나아가 결국 전문가가 될 수 있듯이 나에게 글쓰기는 꾸준함이기도 하다. 걷는 사람 위에 뛰는 사람이 있고, 뛰는 사람 위에 나는 사람이, 그리고 나는 사람 위에는 바로 노는 사람, 즉 즐기는 사람이 있다는 옛말이 있다. 하루라도 글을 쓰지 않으면 손가락에 가시가 돋을 듯이 습관처럼 꾸준하게 글을 쓰고 있다면 결국 글쓰기를 즐기고 있다는 의미가 아닐까 싶다.

이처럼 경험한 것들에 의미를 부여하는 작업인 글쓰기는 내면을 들여다보고 스스로를 객관적으로 인식할 수 있는 하나의 수단이다.

앞으로 어떤 일이 펼쳐질지 아무도 알 수 없지만, 긍정의 에너지로 나를 채우는 독서와 글쓰기를 꾸준히 할 것이다. 그 과정 속에서 내면은 조금 더 깊어질 것이고, 조금 더 성장할 것이며, 새로운 사람으로 거듭날 것이다.

　내가 헛되이 보낸 오늘 하루는 어제 죽어간 이들이 그토록 바라던 내일이다. 단 하루면 인간적인 모든 것을 멸망시킬 수 있고 다시 소생시킬 수도 있다.

소포클레스의 말처럼 어제 죽어간 이들이 바라던 오늘을 헛되이 보내지 않기 위해 책을 읽고 글을 쓰는 것은 큰 의미가 있다. 자, 이제 당신이 선택할 차례이다. 새콤한 책 한 권을 읽고, 달콤한 글 한 편을 써봄으로써 하루를 의미 있게 보내보는 건 어떠신가? 어느 누구도 대신하지 않는 그 선택은 이제 당신의 손에 달려 있다.

정답 없는 육아,
독서가 알려주는 명쾌한 정답

　얼마 전에 읽은 천천과 쉬지 엔의 『결단』은 푸른 초원에 살면서 우연히 '생각'하는 능력을 갖게 된 표범이 등장하는 이야기로 시작한다. 인간의 모습을 동물에 빗댄 우화로 쉽게 읽어 나갈 수 있었지만 책 속에 담고 있는 메시지는 절대 가볍지 않았다. 잠깐 줄거리를 소개하자면 이렇다.

　생각하는 능력을 가진 표범 '천범'은 자신이 가장 똑똑하고 강한 동물이 되어 행복하게 살 수 있다고 생각한다. 하지만 이내 원망, 분노, 증오, 좌절, 한탄 등 자신과 세상에 대한 부정적인 생각으로 가득 차게 된다. 고민만 하다가 눈앞에서 유유히 지나가는 영양을 놓치기도 한다. 자신이 힘들게 잡아 놓은 영양을 힘센 사자가 빼앗아 가거나 약삭빠른 하이에나가 몰래 훔쳐 간다는 사실에 급기야 이성이 마비되어 버린다. 생각하고 고민만 하느라 쫄쫄 굶으며 며칠을 보낸 천범은 천사의 도움으로 자신이 놓치고 있는 것들을 되돌아보고 반성할 기회를 갖게 된다. 자신의 잘못이 무엇인지 알게 된 천범은 삶에 대한 바람직한 자세를 배우게 된다. 뒤늦게 자신의 모습을 반성하고 결단의 지혜를 깨달은 천범이 물었다.

"저, 천사님! 그런데 왜 이런 일들을 일찍 안 가르쳐주신 거죠? 왜 일찍 그 답을 가르쳐주지 않으셨나요? 조금 더 일찍 알았더라면 이렇게까지 힘들지 않았잖아요. 제가 며칠을 굶었는지 아세요? 배고파 죽는 줄 알았다고요."

"이 문제에 대해 마지막으로 대답한 사람이 누구지? 오늘 밤 네가 물은 질문에 대한 정확한 답은 누가 해야 하니?"

천사의 계속되는 질문에 겸연쩍은 미소를 지으며 서서히 깨닫게 된 천범은 드디어 알았다. 질문에 대한 답은 본인만이 정확히 낼 수 있다는 것을. 그리고 그 누구도 대신할 수 없다는 것을.

생존 경쟁의 치열함과 약육강식의 환경에서 하루하루를 힘겹게 살아가는 천범은, 무한경쟁 속에서 살아가는 우리와 별반 다르지 않은 모습이다. 사자와 하이에나 같은 경쟁자들을 이기기 위해 노력하며 성장하는 천범을 통해, 우리에게 진정 필요한 '결단'에 대해서 생각해 보게 되었다.

예전에 직장에서 공짜 영화표를 받은 적이 있었다. 모처럼 생긴 티켓이어서 꼭 보러 가고 싶었고, 퇴근하기 한 시간 전에 받은 티켓이라 급하게 같이 보러 갈 사람을 물색해야 했다. 남편과 주위의 지인들에게 연락해 봤지만 그날따라 아무도 시간이 나지 않았다. 혼자라도 보러 갈까 고민하던 순간, 그날 점심시간에 걸려온 유치원 선생님과의 통화가 기억났다.

아들이 유치원 놀이터에서 놀다가 넘어져서 입술이 터졌고 병원을 다녀왔다는 것이 뒤늦게 생각난 것이다. 아들은 그날 누구보다도 엄마가 옆에 있길 바랄지 모른다. 입술이 터졌으니 잘 먹지도 못할 테고 말하는 것도 불편할 게다. 그런 때에는 엄마가 옆에 있어주는 것만으로도 따뜻함과 안정감을 느낄 것이다.

영화를 못 보는 것이 아쉽긴 해도 엄마의 모습으로 돌아가 아이 옆에 있어주자고 마음먹고 부랴부랴 퇴근길에 올랐다. 아들의 입술은 생각보다 더 많이 부어 있었고, 연고를 잔뜩 발라 상처가 꽤 크게 보였다. 아들은 걱정해 주는 친구들과 사람들이 많아서 고맙고 좋았다고 말했다. 그런 기특한 생각도 다 하다니 어느새 많이 컸구나 싶었다. 블록으로 공룡을 만드는 아들에게 멋있다는 감탄사도 마구 쏟아주고 책도 읽어주었다. 아이에게 필요한 순간 엄마노릇을 할 수 있어서 참 다행이라는 생각도 들었다. 마음속 천범이 내린 결단의 힘을 제대로 발휘한 순간이었다.

아내, 며느리, 딸, 직장인 그리고 엄마… 많은 역할 중에 역시 제일 강한 힘은 엄마라는 역할에서 나오는 것 같다. 육아에 정답은 없다. 내 아이의 기질과 성향은 옆집 아이나 TV 속 아이와는 다르기 때문이다. 육아에 대한 질문은 우리 자신에게 되물어야 한다. 이미 질문에 대한 답은 우리 안에 존재해 있고, 우리는 그 답을 알고 있다. 다만 수많은 정보와 주변인에 흔들릴 뿐이다. 시행착오를 거치며 내 아이에게 맞는 엄마만의 소신을 만들어가는 것이야말로 뿌리 깊은 나무처럼 내 아이를 지켜줄 것이다.

책 속에 답이 있다는 말은 식상할 정도로 익숙하다. 하지만 그만큼 분명한 사실이기도 하다. 다양한 육아법이 넘쳐나는 육아서를 읽으면서 자신의 아이에게 적절한 방법으로 좁혀 나갈 수 있다. 읽은 책이 쌓일수록 나만의 정의를 내릴 수 있는 소신과 생각들이 다듬어지기 때문이다.

작년 12월에 독감에 걸려서 다니던 직장에 병가를 내고 며칠 동안 집에서 쉰 적이 있다. 아이는 시댁에서 도맡아 먹이고 재우고 유치원 등하원을 해주셨다. 남편이 출근한 후 온종일 혼자 우두커니 집에 있으니 집이 너무 크게 느껴졌고, 도무지 사람 사는 집 같지 않았다. 목소리도 나오지 않을 만큼 목이 부었기 때문에 누구랑 전화 한 통 할 수 없었고, 남편의 퇴근이 늦은 날엔 말 한마디 하지 않고 보냈다. 그야말로 활기라곤 눈곱만큼도 없는 에너지 제로, 아니 에너지 마이너스인 집에 있는 것 같았다.

몸이 좀 호전되어서 나흘 만에 아들이 집에 돌아왔다. 아들은 집에 들어서자마자 온 집안에 생기와 에너지를 불어넣어 주었고, 덩달아 내 몸도 바빠졌다. 이런저런 생각의 틈도 주지 않고 아이가 쏟아내는 이야기에 답해주기 바빴다. 쌓인 이야기를 주고받으며 아들의 얼굴을 물끄러미 바라보고 있으니 없던 힘도 생기는 듯했다.

드디어 사람 사는 집 같은 활기가 돌았고, 아이가 나의 에너지까지 좌지우지하는 듯했다. 역시 아이가 내 삶의 원동력임에 분명하다는 것을 깨달은 순간이었다. 아이로 인해 나에게 쏟을 시간과 힘이 부족하지만, 나의 원동력인 아이를 위해 더 알뜰하게 시간을 쓰고 필요한 곳에 힘을 잘 배분하는 것이다.

혼자 산다면 대충 살아도 크게 상관할 사람이 없을 것이고, 목숨이 다할 때까지 그럭저럭 살아도 누구 하나 상관하지 않을 것이다. 하지만 내 아이가 있다면 이야기는 달라진다. 나의 삶에 누군가가 상관되어 있다면 적어도 대충 살아서는 안 된다. 생을 마감하더라도 내 아이는 기억하고 있기 때문에 부끄러운 삶을 살아서도 안 된다. 내게 아이는 분명 삶을 더 열심히 살아가야 할 이유이자, 삶의 지혜를 얻기 위해 책을 읽는 이유이기도 하다.

"나는 생각한다, 고로 존재한다."라는 말로 유명한 프랑스의 수학자이자 철학자였던 데카르트는 이렇게 말했다.

> *좋은 책을 읽는다는 것은 과거의 가장 훌륭한 사람들과 대화하는 것이다.*

독서는 수많은 개념과 정보 중에서 자신에게 적합하고 꼭 필요한 생각들을 걸러내는 안목을 준다. 훌륭한 사람들과의 대화를 통해 여러 육아법과 자녀교육법 중 나와 내 아이에게 맞는 것만 남겨두고 가지치기를 해보자. 우리 아이에게 맞는 것들을 선별하고 핵심 개념만 남겨서 자신만의 육아법을 만들어내자. 어떤 바람에도 흔들리지 않는 '육아 소신'을 만들어낼 수 있는 그 힘은 바로 독서를 통해 기를 수 있다.

결혼이나 출산이 선택 사항이 된 요즘, 어떠한 선택이든 후회 없는 삶을 만드는 것은 오로지 나 자신뿐이다. 다만 독서를 통해 꿋꿋한 소신을 지닌 엄마가 된다면 정답 없는 육아는 더 이상 없을 것이다. 대한민국 모든 엄마들이 독서를 통해 현명한 엄마가 되길 희망한다.

엄마도 아내도 아닌,
진정한 나를 만나는 시간

2016년 가을 SBS에서 방영한 〈달의 연인-보보경심 려〉에서 주
인공 아이유의 단짝으로 나온 '진기주'라는 배우의 색다른 이력을
본 적이 있다. 그녀는 유명 대학의 공대 출신으로, 졸업 후 삼성 계
열사의 정규직으로 채용되었다. 우리나라 취업준비생들이 선망하
는 회사에서 높은 연봉을 받으며 1년간 직장생활을 했지만, '내가
평생 하고 싶은 일이 뭘까?'라는 마음속 의문점은 지울 수가 없었다
고 한다. 그래서 어릴 적 꿈이었던 배우에 가까운 모습으로 가기 위
해 사내 모델과 아나운서 활동을 겸했고, 남몰래 간직했던 배우의
꿈은 커져만 갔다.

솔직히 처음부터 배우가 될 용기는 없어서 아나운서 시험을 보

고 수습기자 활동을 먼저 시작했지만, 그마저도 3개월 만에 그만뒀다고 한다. 집안의 반대를 무릅쓰고라도 배우에 도전하고 싶었지만, 소속사를 알아보는 것은 혼자 힘으로 역부족이었다고 밝혔다. 그러다가 우연히 본 TV의 슈퍼모델 광고에 지원했고, 운 좋게 예선을 통과했다. 하지만 몇 년간 준비해 온 지원자들에 비해 자신의 부족함을 깨닫고, 죽기 살기로 노력해서 당당히 3위에 입상했다. 그 뒤 배우의 길로 들어온 그녀에게 앞으로의 꿈은 무엇이냐고 물으니, 좋은 배우로 인정받는 것이라고 한다.

대기업 회사원에서 기자와 모델을 거쳐 배우까지, 직업을 네 번이나 바꾼 그녀처럼 이 글을 읽는 당신도 앞으로 어떤 새로운 직업을 갖게 될지 아무도 알 수 없다. 나 또한 이렇게 글을 쓰는 날이 오게 될지 꿈에도 생각해 본 적이 없었으니 말이다.

> 내 소망은 단순하게 사는 일이다.
> 그리고 평범하게 사는 일이다.
> 느낌과 의지대로 자연스럽게 살고 싶다.
> 그 누구도, 내 삶을 대신해서 살아줄 수 없다.
> 나는 나답게 살고 싶다.

법정 스님의 『오두막 편지』에 나오는 이 시는 짧지만 많은 생각을 하게 한다. 처음에는 '단순하고 평범하게 사는 일이 소망'이라는 문장에서 유명한 스님의 말씀으로는 어패가 있지 않나 싶었다. 나와 같이 불자가 아닌 사람에게도 이미 유명하신 분이니 단순하고 평범하게 사신 것은 아닐 테니 말이다. 하지만 '느낌과 의지대로 자연스럽게', '나답게 살고 싶다'는 것은 어쩌면 자연의 순리에 맞게 단순하면서도 있는 모습 그대로의 삶을 의미하는 것인지도 모르겠다.

무의식적으로도 거리낌 없이 자연스럽게, 나의 의지대로 사는 것이 얼마나 많은 수련을 필요로 할지 짐작조차 되지 않는다. 의지가 이끄는 삶이 보편적이고 올바른 삶의 방향을 가리켜야 하고, 스스로 바르게 살아가야 하기 때문이다. 다시 곱씹어보니, 삶의 이치와 깨달음에 통달한 법정 스님이기에 짧지만 많은 것을 내포한 메시지를 담으셨구나 싶다.

나답게 산다는 것은 과연 무엇을 의미할까? 그냥 내 마음대로 사는 것이 나답게 사는 것일까? 제일 잘할 수 있는 것을 하면 나다운 걸까? 그렇다면 나의 강점은 무엇이고 약점은 무엇일까? 하고 싶은 걸 하면서 사는 게 나답게 사는 것이 아닐까?

꼬리에 꼬리를 무는 질문을 하면서 내가 깨달은 건, 가장 단순하면서도 평범한 기본 원칙인 '나'답게 사는 방법을 정작 내 자신이 모르고 있다는 사실이었다. 진정한 나는 누구인지 한 번도 제대로 고민해 보지 않고 그저 묵묵히 일상을 살았기 때문이다. 어제와 같은 일상이 그냥 '나'다운 삶이라고 받아들이고 있었다.

결혼 후 아이를 낳고 키우면서 일상에 안주하고 현실의 편안함 속에서 나오지 않으려고 했다. 굳이 현실의 익숙함과 편안함에서 벗어나야 할 이유도 없었다. 까다로운 시댁도 아니고, 남편은 부족하지도 넘치지도 않는 월급을 꼬박꼬박 잘 챙겨주었다. 재미는 없어도 평안한, 먹던 것을 먹고 하던 것을 할 수 있는 평범한 생활을 이어갈 수 있었다.

하지만 좀 더 근원적인 고민이 머릿속을 맴돌았다. 앞으로 5년 뒤, 10년 뒤 나는 과연 어떤 삶을 살 것인가? 지금처럼 5년 뒤, 10년 뒤에도 한 아이의 엄마로, 누구의 아내로만 살게 된다면 그것은 과연 만족스러운 삶인가? '10년 뒤에도 변함없이 몇 동 몇 호 아줌마로 살고 있겠지'라는 결론은 싫었다. 이 물음들을 스스로에게 던지면서 굳이 변화할 이유가 없는 결혼생활 속에서 변화를 원하고 있는 나 자신을 만났다. '이대로는 더 이상 안 되겠다'는 내면의 소리에 얼마 동안 우울한 마음으로 고민을 거듭했다.

일찍 일어나 여유를 갖고 운동도 해보며 일상에 변화를 주려고 시도했지만 그다지 큰 변화는 없었다. 무엇을 어떻게 해야 이 상황에서 벗어날 수 있을지, 앞으로 어떤 모습으로 40대를 맞이하게 될지, 이러다가 그저 몇 동 몇 호에 사는 누구의 엄마가 되어버리는 것은 아닌지… 수많은 고민과 생각 끝에 책을 읽기 시작했고 지금 이 글을 쓰고 있다. 글을 쓰면서 내면의 성장과 선한 영향력을 원하고 있는 내 모습을 발견했다. 변화와 성장을 위해서는 일정한 시간을 묵묵히 견뎌야 하고, 끊임없는 노력이 요구되는 터라 때론 힘겹고 불편한 것도 사실이다. 마음속에는 의구심과 불안, 조바심이 불쑥불쑥 고개를 내밀기도 한다. 그럼에도 불구하고 어제보다 한 걸음씩 더 내딛고 있고, 어제보다 조금은 더 나은 사람이 되어 있을 것이라고 믿는다.

글을 쓰는 과정을 통해 천천히, 조금씩 내면이 꿈틀대고 용트림하듯 스스로의 성장과 변화를 만나고 있다. 이 글이 책으로 연결된 것처럼 다른 수많은 것들 사이에서 고민하고 선택한 독서와 글쓰기가 작가라는 꿈을 이루어주었다. 앞으로도 책에서 얻은 다양한 깨달음을 여러 사람들과 공유하는 독서모임도 지속할 것이다. 책을 통해 깨달은 삶의 지혜를 일상에 적용해 보며 책과 삶이 일치하는 실천독서를 지향할 것이다.

전환점은 '기회의 덩어리'이긴 하지만 오래 기다려주진 않아. 폭주기관차처럼 돌진해 왔다가 번개처럼 멀어지지. 기관차를 놓치지 않으려면 그것이 전환점이라는 사실을 직시하고 재빨리 올라타야 해.

『하워드의 선물』에 나오는 이 구절을 읽으며 과거에 놓쳐버린 기회와 전환점을 아쉬워하기보다 언제 어디서 올지 모르는 앞으로의 전환점을 인식하자고 다짐했다. 전환점이란 지금까지 옳다고 생각했던 것과는 다른 방향으로 삶을 이끌어가기에 두려운 변화를 내포하고 있다. 전환점이 왔다고 인지해도 예측할 수 없는 변화가 두려운 나머지 머뭇거리다가 그 기회를 놓칠 수도 있고, 단순히 '우연히 일어난 일'로 치부해 버릴 수도 있다.

그러나 "지금 걸려 넘어진 그 자리가 당신의 전환점이다."라는 이 책 속의 문장처럼, 전환점은 숨은 능력을 끌어낼 기회를 의미한다. 전환점이 왔다고 생각하면 머뭇거리지 말고 재빨리 그 기회를 잡아야 한다. 이 책의 맨 뒷장에 나오는 로버트 프리츠의 명언처럼, 전환점을 인지하고 기회에 올라타기로 "당신이 결정을 내리는 순간 버려져 있던 어마어마한 에너지가 움직이기 시작한다."

이제 남과의 비교에서 비롯된 시기심과 걱정은 벗어버리고, 엄마도 아내도 아닌 '나 자신'을 만나볼 차례이다. '스스로 변하지 않으면 아무것도 변하지 않는다'는 것은 이미 몸소 겪어보았을 것이다. 나도 나에 대해 잘 모르는데 다른 사람이 나의 문제를 해결할 수 있을 리 없다. 진실한 나를 만나기 위해 자신의 삶을 찬찬히 들여다볼 마음의 준비가 되었다면, 그리고 최선을 다해서 나에 대해 고민해 보고 깊이 박힌 상처까지 드러낼 자신감도 장착했다면,

내 속에 숨겨두었던 나를 끄집어내보자.

　엄마, 아내, 직장인, 며느리 등 '나'를 설명해 주는 이 모든 수식어와 역할들을 내려놓고 오롯이 '나'로 돌아가는 시간을 가져보자. 나 자신과 울고 웃으며 나누는 이야기를 통해 원래의 내 모습에 관심을 가지고, 온 힘을 기울여 진정한 나를 만나자. 내가 하고 싶은 것과 내가 잘할 수 있는 것이 무엇인지 알아보기 위해 시행착오를 겪는 시간도 가져보자. 그래도 도무지 잘 모르겠다면 책을 펼치자. 읽으면서 생각의 폭을 넓히고, 단 몇 줄이라도 글로 표현하며 나만의 정답을 써내려가 볼 것을 추천한다. 책과 글을 통해 다시 한 주를 시작할 뜨거운 응원과 힘을 얻고, 더 발전하는 모습의 나로 성장할 것임에 틀림없다.

　심장이 쿵쾅대고 뜨거워진 가슴이 느껴진다면 그때가 바로 당신의 전환점이다. 잊지 말자. 깨어 있어야 하는 사람은 남이 아니라 바로 나 자신이라는 사실을! 그리고 늘 깨어 있기 위해 책을 가까이해야 한다는 사실을….

이 세상 모든 '맘프'들에게

1936년부터 1941년까지 89전 33승과 13개 경주의 거리별 신기록을 달성한 경주마 씨비스킷(Seabiscuit)은 불멸의 명마라고 불렸다. 당시 씨비스킷이 뛰는 경마장 주변은 식당과 숙소 할 것 없이 인산인해를 이루었고, 400만 명이 라디오 중계방송에 귀를 기울였다. 마지막 경기에는 7만 8천 명이 몰려왔고, 이 수치는 지금의 슈퍼볼 관중수와 맞먹는 것이라고 하니 그 열기가 얼마나 대단했는지 짐작할 수 있다.

원래 씨비스킷은 몸집이 작고 다리가 구부정해서 경주마로 맞지 않았다고 한다. 천성 또한 게을러서 몇 시간씩 드러눕는 것도 예사였다. 하지만 숨은 재능을 알아본 조련사(톰 스미스)와 기수(레드

폴라드) 그리고 사업가(찰스 하워드)의 노력 끝에 '불멸의 명마'로 불릴 수 있게 되었다. 외모에 가려 있었던 영특함과 스피드, 불굴의 투지를 발견한 세 사람은 씨비스킷에게 훈련 대신 달리고 싶은 마음이 들도록 동기를 부여했고, 채찍 대신 목을 토닥거리며 간식을 주었다. 실력이 비슷한 말과 일부러 같이 달리게 함으로써 경쟁심을 불러일으켰고, 때론 다른 말보다 미리 출발시켜 1등을 유도하여 성공을 맛볼 수 있는 훈련도 시켰다. 이런 헌신적인 노력 끝에 숨은 재능은 빛을 발할 수 있었던 것이다.

씨비스킷처럼 누구에게나 위대한 재능과 가치가 숨어 있다. 바쁜 일상에 가려 단지 발견하지 못할 뿐이다. 내 안에 숨겨진 재능이 무엇인지 도무지 모르겠다면 어떤 것이든 해봐야 한다. 무엇을 좋아하고 어떠한 능력을 갖고 있는지, 어떤 것에 재주가 있고 어느 부분에 노력을 기울여서 강점으로 키울지, 이 모든 것들은 스스로 경험해 봐야만 알 수 있다.

숨은 재능을 찾기 위한 시작은 그 무엇이라도 좋다. 다만 시작 전에 먼저 나를 위한 시간 확보가 필요하다. 기왕이면 모두가 잠들어 있는 이른 아침에 나만의 시간을 만들어보길 추천한다. 출근 준비와 가족들의 아침식사 준비 전까지 30분간 책 읽는 시간을 가진다면 더할 나위 없이 좋다. 아침시간이 도저히 힘들다면 아이들이 잠든 밤시간도 괜찮다. 그저 하루 30분을 확보하고, 그 시간을 나를 충전하는 시간으로 활용하는 것이 중요하다.

하루 30분을 일주일 모으면 3시간 30분이라는 시간이 생기는데, 이 시간은 한 권의 책을 읽기에 충분한 시간이다. 하루 중 30분은 비록 적은 시간이지만 평소에 관심 있었던 것을 배울 수도 있고, 자격증 시험이나 어학 공부를 할 수도 있다. 가벼운 스트레칭이나 운동을 하기에도 충분한 시간이다.

무엇을 할지 선택을 마친 당신이 일단 시작할 용기를 냈고, 스스로에게 투자할 시간도 확보했다면, 유념할 것이 하나 있다. 무언가 하려고 마음먹으면 방해요소가 곳곳에 포진되어 있다는 사실이다. 그 장애물에 걸려 넘어지고, 주변의 훼방꾼 탓에 힘이 빠져 한동안 주저앉을지도 모른다. 사람 마음이란 게 워낙 변덕이 심해서 굳은 결심과 다짐들이 일주일 뒤에는 또 어떻게 변할지 알 수 없다. 몇 달 뒤에는 또 어떤 상황이 당신을 힘들게 할지 가늠할 수 없다. 앞에 놓인 기회를 놓치면 또 얼마를 기다려야 할지 짐작도 할 수 없다.

그럼에도 불구하고 언젠가는 다시 일어설 수 있다는 것을 믿어야 한다. 일상 속에서 일어나는, 도저히 예측할 수 없는 수많은 것들 사이에서 기회와 선택의 손을 잡지 않으면 수동적인 삶을 살 확률이 높아진다. 그래서 한 번의 경험, 누군가와의 만남에서 얻은 조언, 그리고 책에서 읽은 감동적인 글귀 같은 것들이 더욱 소중하고 값

지다.

어린 아이를 키우는 엄마들이 저녁에 혼자 외출을 하거나 일하는 엄마가 퇴근 후 약속을 잡을 땐 여러 조건이 맞아야 가능하다. 남편이 일찍 퇴근하고, 아이도 엄마를 찾지 않을 정도로 잘 놀아야 하고, 갑작스런 집안일도 발생하지 않아야 한다.

예전에 집 근처에 살고 있는 지인과 저녁약속을 한 적이 있다. 약속 당일까지 만날까 취소할까를 여러 번 갈등하다가 이왕 약속한 거 만나기로 마음을 먹고 남편에게 연락한 뒤 약속장소에 나갔었다. 이야기를 나누는 도중에도 아이가 엄마를 찾진 않을지 걱정되어 남편에게 메시지를 보내기도 했다. 지인과 헤어진 후 집에 도착해 보니 아들과 남편은 아무 일도 없었다는 듯이 잘 놀고 있었다. 저녁을 먹는 내내 불안했던 내 마음은 무엇이었나 싶었다. 나는 아이와 함께하지 못했다는 미안함과 죄책감을 혼자서 떠안고 있었던 것이다.

한 아이의 엄마가 되기 전에는 넘치는 것이 시간이었다. 그 시간에는 어디든지 갈 수 있었고 무엇을 해도 거리낌이 없었다. 하지만 가족이 생기고 엄마가 되면, 책임져야 하고 고려해야 할 사항들이 많아진다. 늘 아이와 가족들이 우선인 엄마에게도 하고 싶은 것과 조율해야 할 순간이 반드시 온다. 아이 때문에 시간을 낼 수 없고, 남편이 반대하기 때문에 못한다는 핑계를 늘어놓으며 불평해 봤자 달라지는 것은 아무것도 없다. 자신의 상황에서 가능한 범위 내에 무언가를 할 시간을 만들어야 하고, 애를 써야 그나마 할 수 있다는 것을 인지해야 한다.

자신이 하고 싶은 것을 가족들 사이에서 얼마나 잘 조율하고 조정해 나가는지에 따라 삶의 질도 달라질 수 있다. 그날 지인과의 저녁 약속은, 가족에 대한 미안함을 덜어내고 스스로를 위해 시간을 써도 좋다는 나만의 결론을 내린 계기가 되었다.

세계적 무용가 트와일라 타프(Twyla Tharp)의 저서 『창조적 습관』에 이런 내용이 나온다.

> 나는 매일 아침을 나만의 의식으로 시작한다. 새벽 5시 30분에 일어나 연습복을 입고 후드티를 걸치고 모자를 쓴다. 그리고 집 밖으로 나와 택시를 불러 세우고 퍼스트 애비뉴 91번가에 있는 헬스장으로 가자고 한다. 그곳에서 앞으로 2시간 동안 운동을 할 것이다. 내 의식의 시작은 바로 택시다.

나 또한 이 책의 원고를 완성하기 위해 매일 아침 5시면 어김없이 일어나 따뜻한 커피 한 잔과 함께 컴퓨터 앞에 앉았다. 커피 한 잔으로 잠을 깨우며 쓸 원고에 대해 고민하고, 매일 한 편의 글을 써서 이 책을 완성했다. 매일같이 반복되는 아침 습관이 바로 이 책을 세상으로 내보낼 수 있었던 나만의 의식이었다.

　무엇이든 매일 실천하는 '하루하루의 힘'은 실제 대부분의 자기계발 관련 도서에서 공통적으로 하는 말이다. 그럼 끈기가 부족하다는 당신도, 시간이 없다는 당신도, 재능이 무엇인지 모르겠다는 당신도 하루하루의 힘을 믿으면 된다는 결론이 나온다. 하루의 힘은 매일 반복하는 습관과 의식을 지속하는 힘이자 끈기이다.

　　책은 오직 삶으로 이끌어주고 삶에 이바지하고 소용이 될 때에만 가치가 있다. 그러므로 독자들에게 불꽃같은 에너지와 젊음을 맛보게 해주지 못하고 신선한 활력의 입김을 불어넣어주지 못한다면, 독서에 바친 시간은 전부 허탕이다.

　『헤르만 헤세의 독서의 기술』에 나오는 구절이다. 아직도 무엇부터 시작해야 할지 갈피를 잡지 못했다면 이 책부터 읽어보기 바란다. 해야 하는 이유보다 하지 못하는 이유가 더 많은 엄마들에게 일상 속 작은 변화를 느낄 수 있는 가장 쉬운 방법이 독서이다. 책을 통해 조금이라도 요동치는 파도와 일렁이는 설렘을 느꼈다면, 그 시간은 아주 값진 것임에 틀림없다. 그 잠깐의 '불꽃같은 에너지'와 '신선한 활력'이 다른 책을 펼쳐보고 관심 있는 강의를 찾아 듣게 만드는 계기가 된다.

　누구도 대신 살아줄 수 없는 내 삶이 내 앞에 놓여 있다. 누구도 나에게 어떠한 경험이나 기회를 떠먹여줄 수 없다. 스스로 용기를 내고 무언가를 선택하지 않으면 어떠한 재능도 발견할 수 없다. 꽁꽁 숨겨진 재능과 나만의 가치를 끄집어내어 세상을 경험할 용기와 의지를 찾았다면, 매일 습관적인 의식을 반복하며 버티는 하루하루의 힘을 이어 나가길 바란다. 윤이 나게 닦아서 세상에 보여주는 그 과정 속에서 당신의 이름 석 자가 다시 빛날 것이다.

가늠할 수 없는 책의 가치

작년 크리스마스이브, 전국의 많은 사람들이 떠들썩하게 맞이하는 크리스마스이건만 나는 하루 종일 기분이 바닥인 채로 보낸 기억이 있다. 늘어져서 누워 있다가 잠깐 눈을 붙였고, 책을 읽었지만 눈에 크게 들어오지 않았다. 케이크도 먹었지만 먹을 때뿐이었다. 아들에게 책을 읽어주는데도 기분만 괜히 가라앉고 축 처졌다. 아무 데도 가고 싶지 않았고 아무 일도 하고 싶지 않은 날이었다. 곰곰이 생각해 봐도 왜 그런지 도통 그 원인을 알 수 없었고, 이런저런 의미 없는 생각들만 머릿속에 맴돌았었다. 이대로는 다음날인 크리스마스까지 우울한 기분에 사로잡혀 또 하루를 망칠 것만 같다. 그래서 늦은 오후에 기분전환 겸 동네 중고서점에 들러 존 고든의 『에너지 버스』라는 책을 사와 저녁부터 읽기 시작했다.

주인공 조지는 여느 때와 다름없이 무미건조한 월요일을 맞이한다. 출근하기 위해 차고에 갔지만 펑크 난 바퀴를 발견하고는 가족들에게 짜증을 내며 투덜댄다. 어쩔 수 없이 버스를 타고 출근하면서 운명을 바꿔줄 에너지 버스의 운전사 '조이'를 만나게 된다. 조이와의 대화를 통해 조지는 자신의 '인생'이라는 버스를 에너지로 가득 채울 10가지 방법을 알게 된다.

책 속에서 발견한 "그냥 믿으세요. 아무 이유 없이 그렇게 된다고 믿어요."라는 문장처럼 때로는 밑도 끝도 없는 믿음이 필요한 때가 있다. 때마침 나에게 그날은 그런 순간이었고, 책 속에서 나에게 필요한 딱 맞는 문장을 찾으며 유레카를 외쳤다. 그 순간 머릿속의 잡념들이 사라지면서 조이가 운전하는 에너지 버스에 나도 모르게 탑승했다. 그리고 나에게 절실히 필요했던 에너지를 시기적절한 순간에 뿜어주는 그 책 속으로 서서히 빨려 들어갔다.

만사가 귀찮고 부정적인 생각들로 우울해지면서 아무것도 하기 싫은 시기가 있다. 사실 부정적 에너지는 약간의 틈만 보여도 스멀스멀 올라오려고 한다. 무언가 허전하고 부족하고 흔들리는 느낌이라면, 부정적 감정이 나를 잠식하기 전에 기분 좋은 에너지를 채워 넣어주어야 한다. 의식적으로 긍정적인 에너지를 채워서 부정적인 생각이 비집고 들어올 틈이 없도록 메워야 한다. 그것이 산책이든,

5장 _ 오늘도 아이와 함께 책을 읽는다

277

요리든, 음악이든… 무엇이든 좋다.

나의 경우, 긍정의 에너지를 심어주는 것은 책이다. 무엇 때문인지 곰곰이 생각해 봐도 도통 근본 원인을 찾을 수 없었던 그날 『에너지 버스』를 만나게 된 것처럼 말이다. 나는 책 속에서 응원을 받고 힘을 얻어 내 안에 긍정에너지를 채워넣었다.

> 한 제자가 붓다에게 물었습니다.
> "제 안에는 마치 두 마리 개가 살고 있는 것 같습니다. 한 마리는 매사에 긍정적이고 사랑스러우며 온순한 놈이고, 다른 한 마리는 아주 사납고 성질이 나쁘며 매사에 부정적인 놈입니다. 이 두 마리가 항상 제 안에서 싸우고 있습니다. 어떤 녀석이 이기게 될까요?"
> 붓다는 생각에 잠긴 듯 잠시 침묵을 지켰습니다. 그러고는 아주 짧은 한마디를 건넸습니다.
> "네가 먹이를 주는 놈이다."

이 대화는 삶에서 일어나는 예측불가한 일들을 어떻게 받아들이는지에 따라 삶이 달라질 수 있다는 것을 여실히 보여준다. 내 삶의 태도는 나밖에 선택할 수 없다. 삶을 둘러싼 수많은 인간관계와 통제할 수 없는 사건 그리고 주어진 환경을 어떻게 받아들이느냐에 따라 결과는 달라질 수 있다. 다시 말해 삶은 스스로를 긍정적으로 보느냐 혹은 부정적으로 보느냐에 달려 있다. 2차 세계대전 중 겪은 암담한 수용소생활을 그린 빅터 프랭클의 『죽음의 수용소에서』에도 이와 비슷한 내용이 나온다.

> 인간에게 모든 것을 빼앗아갈 수 있어도 단 한 가지, 마지막 남은 인간의 자유, 주어진 환경에서 자신의 태도를 결정하고, 자기 자신의 길을 선택할 수 있는 자유만은 빼앗아갈 수 없다.

"당신이 가진 최고의, 그리고 최후의 자유는 바로 선택할 수 있는 자유이다"라는 이 책의 첫 문장도 같은 맥락이다. 아무리 고되고 힘든 상황일지라도 그 속에서 마지막 남은 선택의 자유는 내가 취할 수 있는 태도를 결정할 자유이다.

죽음의 공포가 시시각각 조여 오는 수용소에서조차 삶을 대하는 태도를 선택하는 내적인 자유만은 빼앗아 갈 수 없다. 미래에 대한 희망과 기대, 그리고 의미를 찾고자 하는 의지. 이 모든 것들이 극한의 상황에 몰린 인간에게도 살아야 하는 이유를 보여주고 있다. 삶에 대해 취해야 할 태도와 그 태도를 선택할 자유는 타인이 아닌 자신의 손에 달려 있다.

이 책에 미국의 존스홉킨스 대학교에서 실시한 설문조사가 나온다. 48개 대학의 7,948명의 학생들을 대상으로 자신에게 '가장 중요한 것'이 무엇이냐는 질문에 16% 학생들만이 '돈을 많이 버는 것'이라고 대답했다고 한다. 반면 절반이 훨씬 넘는 78%의 학생들은 '자기 삶의 목표와 의미를 찾는 것'이라고 대답했다고 한다.

앞으로 살아갈 삶의 목표와 그 의미가 무엇일지 항상 고민해 왔기에 이 설문조사의 답변이 정말 공감되었다. 아이를 잘 키우고 가정을 잘 꾸려 나가는 것이 엄마이자 아내의 할 일이라며 자위하기엔 무언가 늘 부족했고, 내 안에 채워지지 않는 무엇이 느껴졌다. 나만의 삶의 목표와 의미는 무엇인지 고민해 봤지만 답을 찾기 어려웠다.

다행히 이제 독서를 통해 나만의 정답을 만들어가고 있다. "왜 살아야 하는지를 아는 사람은 그 어떤 상황도 견뎌낼 수 있다."라는 니체의 말처럼, 삶의 의미를 고민하면서 어떠한 상황에서든 나만의 삶을 살아야 한다는 사실을 점점 명확하게 느끼고 있다. 앞으로 살아가면서 계속 다듬어지고 수정될 것이고, 나만의 삶의 목표와 의미 또한 좀 더 또렷해질 것이다.

책 한 권의 경제적 가치는 얼마나 될까? 요즘 책값이 비싸다고들 하지만, 얼마를 지불했든 책을 읽는 동안 그 가치는 10배 아니 100배가 되어 나에게 돌아온다. 독서를 하는 시간은 그 어떠한 즐거움보다 절대 가볍지 않으며, 자신을 위해 책을 읽는 행위만으로도 스스로를 사랑하는 방법이 될 수 있다. 책 한 권으로 경험할 수 있는 다양한 삶의 모습은 뜨거운 공감의 눈물을 흘리거나 미소를 짓도록 만든다. 우리보다 먼저 거친 세월의 파도를 넘으며 살아본 이들에게서 삶을 대하는 태도와 관점들을 배울 수도 있다. 단단하게 굳은 머리를 유연하게 해주고, 스스로를 되돌아보게 하며, 보다 깊고 넓은 사고를 통해 내면을 축적하는 시간을 갖기도 한다.

또한 책 속에서 원하는 삶의 모습을 그려보며 자신을 다잡고 열심히 살 것을 다짐할 때도 있다. 책을 읽으며 느낀 깨달음과 떠오르는 생각들을 붙잡아 글로 적으면서 스스로 마음을 정리하기도 한다. 혹은 마음속을 어지럽히던 잡념을 잠재우고 자신을 옭아매던 부정적인 감정을 비우기도 한다. 긍정의 에너지로 채울 힘을 얻고, 자신을 재발견하기도 하며, 자신의 삶을 단단히 부여잡기도 한다.

이처럼 독서야말로 자신을 사랑하는 방법이자 자신을 성장시키는 강력한 비법이다. 이 책을 읽은 동안, 당신도 스스로를 사랑하는 시간을 가졌음에 분명하다. 앞으로도 그 행보를 멈추지 않길 바란다. 당신 주위에 있는 수많은 책을 통해 지속적으로 성장하고 끊임없이 자신을 사랑할 것을….

오늘도 엄마는 아이와 함께
책을 펼친다

자다가 아이 몸이 뜨끈해서 열을 재어보니 38도를 넘어 39도를 향하고 있다. 아뿔싸. 낮에 놀이터에서 찬바람을 너무 쐬었나 보다. 날이 추워도 신나게 잘 놀기에 괜찮겠지 싶었는데, 얼마 전 걸린 감기가 채 떨어지기도 전에 찬바람 쐬며 놀도록 허락한 것이 화근이었다. 밤에 아이가 열이 나면 엄마가 해줄 수 있는 일이 별로 없다. 해열제를 먹이고 물에 적신 수건으로 밤새 몸을 닦아 주는 것뿐이라 발만 동동 구르게 된다.

아이가 아프면 엄마도 같이 아프다. 차라리 내가 아픈 게 낫지 아픈 아이 얼굴을 보고 있자니 먹먹한 마음에 눈물이 돈다. 낮에 아들에게 버럭 화를 내고는 이내 "엄마가 미안해, 다음엔 안 그러도록 노력할게."라고 말한 것이 생각난다. "나도 엄마 말 안 들어서 미안해, 사랑해."라고 대답하던 아들 얼굴이 떠올라 더 미안하고 안쓰럽다.

아이를 키우는 엄마라면 누구나 이런 상황에 공감할 것이다. 옆 사람이 하품을 하면 나도 모르게 따라하게 되고 영화 속 주인공이 슬퍼하며 눈물을 흘리면 보는 이의 눈시울도 붉어진다. 한 번도 해보지 않은 아이돌 가수의 춤동작이라도 어느 정도 흉내는 낼 수 있다. 누군가 뾰족한 바늘에 찔린 것을 봤다면 마치 내가 찔린 것처럼 얼굴이 쩡그려지기도 한다. 이처럼 우리는 자신도 모르게 타인의 행동을 모방하고 타인의 감정을 마치 자신의 감정인 것처럼 느끼며 공감한다.

타인의 행동이나 감정을 거울처럼 비춰주고 그대로 따라하게 하는 것은 바로 '거울뉴런' 때문이라고 한다. 거울뉴런은 이탈리아의 신경심리학자인 리촐라티(Giacomo Rizzolatti) 교수에 의해 우연히 발견되었다. 그는 원숭이에게 다양한 동작을 시켜보면서 뇌의 뉴런이 어떻게 활동하는가를 연구하고 있었다. 그러던 어느 날, 한 원숭이가 다른 원숭이의 땅콩 집는 행동을 보기만 했는데도 땅콩을 먹을 때와 동일한 뇌 부위가 반응한다는 것을 알게 되었다. 원숭이가 직접 어떤 동작을 하지 않고 다른 존재의 행동을 보는 것만으로도 같은 반응을 한다는 것이 입증된 것이다.

사람도 역시 타인의 동작이나 표정을 보는 것만으로도 자신이 그 행동을 할 때와 같은 영역의 뉴런이 활성화된다. 바로 이 거울뉴런 때문에 간접 경험만으로도 마치 내가 그 일을 직접 하고 있는 것처럼 반응하고, 타인의 감정까지도 그대로 느끼게 되는 것이다.

우는 것 외에는 아무것도 하지 못했던 갓난아기가 자라면서 다양한 신체적 활동뿐 아니라 언어도 배운다. 바로 다른 사람의 행동과 말을 따라하는 능력을 통해서이다. 아이들은 자신도 그 말이나 행동을 하는 것처럼 느끼기 위해서 타인의 말이나 행동을 유심히 관찰하고, 그때 뇌 속의 거울뉴런들은 열심히 활성화된다.

'아이들 앞에서는 찬물도 못 마신다.' 같은 속담처럼 거울뉴런은 여러 측면에서 아이들의 본보기가 되어야 할 부모에게 그 의미가 매우 크다. 책보다 게임을 더 좋아하는 아이가 걱정이라면 책을 보지 않는다고 나무라거나 조급해 할 것이 아니라 엄마 자신부터 되돌아봐야 한다. 엄마가 스마트폰에서 눈을 떼지 못하고 드라마에 몰입하여 아이가 묻는 말에 건성으로 대답한다면, 아이도 스마트폰과 만화 영상에 눈을 고정하게 되어 있다.

SAS 통계처리 프로그램을 만든 쌔스 인스티튜트(SAS Institute)는, 상상을 뛰어넘는 사원복지 덕에 《포춘》이 꼽은 가장 일하기 좋은 100대 기업에 13년째 선정된 곳이다. 워킹맘을 위해 500명의 아이를 돌볼 수 있는 사내 보육시설이 있고, 점심시간에 엄마는 아이와 함께 식사를 할 수 있다. 회사 내에는 4명의 의사와 20명의 간호사가 있는 병원과 마사지실이나 미용실 같은 편의시설도 있다. 이러한 사내 복지 시스템을 통해 직원들의 만족도가 고객의 행복, 나아가 회사의 성장과 연결되어 있다고 보기 때문이다. 야근과 해고도 없는 이 회사에서 가장 중요하게 여기는 것이 바로 '직원이 행복해야 고객도 행복할 수 있다'이다.

이것을 조금만 다르게 생각해 보면 '엄마가 행복해야 아이도 행복할 수 있다'는 말이 떠오른다. 이미 많은 육아서에서 언급하고 있는 말이라 식상할지도 모르겠다.

아이에게 세상과의 첫 번째 연결고리는 엄마이다. 엄마는 아이에게 첫 모방 대상이자 거울 같은 존재이고, 하나의 세상과 같다. 엄마가 부정적인 눈으로 세상을 보면 아이도 부정적으로 세상을 인식한다. 엄마가 긍정적이고 희망 찬 시각으로 세상을 본다면 아이에게도 밝고 긍정적인 세상이 펼쳐진다. 엄마부터 행복하고 꿈이 있어야 내 아이도 행복하고 꿈꾸며 살아간다.

그럼 나는 아이에게 과연 어떠한 엄마인가? 아니, 그보다 먼저 물어볼 것이 있다. 나는 지금 행복한가? 이 질문에 선뜻 그렇다고 답할 수 있는 사람은 많지 않다. 행복이라는 것이 추상적인 개념이라 행복의 정의 또한 사람마다 천차만별이기 때문이다.

저널리스트이자 프리랜서 기자인 마이케 빈네무트(Meike Winnemuth)는, 지겨운 생활에 염증을 느끼며 1년만 쉬면 좋겠다는 생각을 늘 품고 있었다. 2010년 우연히 TV 퀴즈쇼 〈누가 백만장자가 될 것인가?〉에 나가게 되었고, 그 도전은 커다란 행운으로 이어졌다. 바로 상금으로 50만 유로를 받아 자신이 소망했던 일을 과감하게 실행에 옮긴 것이다. 그녀는 1년 동안 12개국의 도시에서 각각 한 달씩 지내는 동안 그 경험담을 자신의 블로그에 글로 남겼다. 이 글은 여행을 마친 후 『나는 떠났다, 그리고 자유를 배웠다』라는 제목으로 출간되었고, 그 책은 몇 달 동안 독일 베스트셀러 10위권 내에 있었다. 그녀가 한 토크쇼에서 고백한 내용이 꽤 인상적이었다.

막상 1년이라는 휴가를 보내고 나니 굳이 상금을 타지 않았어도 할 수 있는 일이었다. 여행 동안 신문과 잡지에 기고한 원고료만으로도 여행 경비는 충분했을 것이다.

이 이야기를 읽은 당신 또한 아이가 조금만 더 크면 하려고 미뤄둔 일이 생각날 것이다. 진정으로 하고 싶은 일이 있다면, 당신은 그것으로도 이미 충분히 행복한 사람일 것이다. 하지만 나는 당신이 조금 더 용기를 내기 바란다. 아이가 클 때까지 기다리지 말고 바로 지금 시도해 보라고 말하고 싶다.

꿈을 이루기 위해 지금의 환경을 다 버리고 처음부터 새로 시작할 필요는 없다. 일단 일상에서 할 수 있는 작은 것부터 시작하면 된다. 작은 발걸음 하나가 우리 안에 숨은 엄청난 힘과 잠재력을 끄집어낼 것이다. 그 한 발 한 발이 자신이 바라는 모습으로 다가가게 해줄 것임에 틀림없다. 조금씩 삶의 변화를 이끌어내면 언젠가 반드시 큰 변화의 꿈에 다가갈 수 있다.

경영 전문 컨설턴트인 디아나 드레센은, 정말 원하는 것을 얻기 위해 과감하게 삶의 방향을 바꾼 경험을 토대로 쓴 『지금 이 길이 내 길인지 묻는 그대에게』에서 이렇게 말했다.

> 직업상 많은 고객들을 만나면서 확인한 사실이 있다. 사람들은 저마다 어떤 방향이 옳은지 무의식적으로 알고 있다. 내가 할 일은 그저 무의식을 의식의 차원으로 끌어올린 후 실천의 길을 스케치해 나가도록 돕는 것뿐이다.

그렇다. 우린 이미 다 알고 있다. 내 삶이 어떤 방향으로 나아가야 할지, 어떤 것이 옳은 방향인지 또한 알고 있다. 물론 삶의 방향성을 잡기 위해 책을 읽어야 한다는 것도 알고 있다. 그럼 이제 그 방향으로 한 발자국만 내딛으면 된다. 작은 변화는 그렇게 조용히 시작된다. 내가 내딛은 한 걸음이, 내가 읽은 한 페이지가 모이고 쌓여서 나를 행복하게 만들고, 긍정과 행복이 가득한 마음으로 주변을 대할 수 있게 만들어준다. 다시 말해 행복은 내가 스스로 만들어가는 것이다. 일상 속에서 작은 행복을 스스로 찾아내는 '셀프 행복'이야말로 세상을 살아가는 삶의 원동력이다.

무엇이 두려운가? 무엇이 걱정스러운가? 마음속의 걱정, 의심, 두려움 다 내려놓고 딱 한 발만 내딛어보자. 예상 외로 내 안의 걱정과 두려움은 별것 아니다. 그로 인해 인생이 잘못될 위험은 생각보다 크지 않다. 두려워말자. 아무것도 선택하지 않는 것, 아무것도 시도하지 않는 것이야말로 가장 두려워해야 할 것임을 잊지 말자.